AF267095

SEIZE MOIS

DE

COMMANDEMENT

DANS LA GARDE NATIONALE PARISIENNE

MÉMOIRE JUSTIFICATIF

ADRESSÉ

Par M. THEIL

PROFESSEUR AU LYCÉE NAPOLÉON
EX-COMMANDANT DU DEUXIÈME BATAILLON DE LA ONZIÈME LÉGION

A SES COLLÈGUES UNIVERSITAIRES

A SES CAMARADES DE LA GARDE NATIONALE

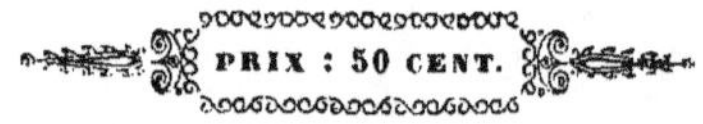

PRIX : 50 CENT.

EN VENTE

CHEZ PAUL MASGANA, GALERIE DE L'ODÉON

ET CHEZ LES MARCHANDS DE NOUVEAUTÉS

A PARIS

1849

Paris. — Imprimé par E. THUNOT et Cᵉ, successeurs de Fain et Thunot, rue Racine, 28.

SEIZE MOIS

DE

COMMANDEMENT

D'ANS

LA GARDE NATIONALE PARISIENNE.

AVANT-PROPOS.

Le présent Mémoire, quoique destiné à la justification d'un seul, ne sera pas dépourvu d'un certain intérêt général. Il renferme quelques détails précieux qui jetteront sur plusieurs points demeurés obscurs de l'histoire contemporaine un jour ou nouveau ou plus net; et, à défaut d'autre utilité, le lecteur en tirera toujours ce profit, d'apprendre, par un frappant exemple, à quel point peut s'égarer, dans les temps de discorde civile, l'ombrageux soupçon des partis.

A MES COLLÈGUES DE L'UNIVERSITÉ;

A MES CAMARADES DE LA GARDE NATIONALE.

MESSIEURS,

La main de la justice peut s'égarer, ce qui n'arrive que trop souvent en France; mais quand elle reconnaît son erreur, ce qui malheureusement n'arrive pas toujours, il est d'un bon citoyen de ne pas trop se plaindre, et de borner le ressentiment des rigueurs subies, à faire des vœux, et, s'il a quelque puissance par la plume ou par la parole, tous ses efforts pour qu'une prompte réforme fasse disparaître enfin de nos Codes les monstruosités qui les déparent. Ainsi faisais-je. Rendu à la liberté, après quarante-cinq jours de détention préventive, je me taisais, jugeant le mal à peu près réparé, du moins dans l'opinion, par l'ordonnance de non-lieu qui m'a fait élargir. Mais voici que l'autorité administrative, reprenant tout à coup la cause abandonnée par le Parquet, a désiré l'examiner à son point de vue, c'est-à-dire, voir s'il n'y aurait pas de quoi suspendre, là où il n'y à pas eu de quoi pendre. C'est un scrupule qui l'honore et dont je suis bien loin de lui faire reproche. Cité en conséquence devant le Conseil de préfecture, j'ai eu à m'expliquer de nouveau sur ma conduite, et le Conseil, se déclarant *satisfait de mes observations*, m'a suspendu pour deux mois de mes fonctions de commandant. (Je donne à la fin de ce mémoire le texte de ce remarquable arrêt.)

Comme ici ce n'est plus seulement la main qui se fourvoie; comme j'ai la conscience de n'avoir pas plus mérité d'être suspendu que pendu, et que, une fois mon honneur en jeu, je ne sais plus me résigner, j'ai résolu d'en appeler, non point aux journaux, non point au pays tout entier, mais à vous, mes collègues universitaires, à vous, mes camarades de la garde nationale, dont je tiens à conserver l'estime.

C'est dans ce but que je publie le présent mémoire, destiné, dans sa forme primitive, à l'édification de mes juges du Conseil de préfecture, et, au besoin, du Conseil académique. J'ai pensé qu'en mettant au jour tous les actes de ma vie publique depuis deux ans, je fournirais à ceux qui pourraient désirer me bien connaître, un sûr moyen d'appréciation; car ma vie officielle, c'est moi tout entier. Je n'appartiens à aucune association secrète ou avouée; je ne fais partie d'aucun comité électoral ou autre; je n'ai jamais mis le pied dans un club; mon action, par conséquent, bornée aux prises d'armes, aux revues, aux occasions solennelles, a été toute extérieure, toute en relief; absolument nulle en dehors de la représentation. J'emploie donc le seul moyen que j'aie de faire connaître mes idées et mes tendances, en appelant l'attention sur le rôle, modeste sans doute, mais non dépourvu de signification, que j'ai pu jouer, comme garde national, depuis deux ans. Veuillez parcourir avec moi toutes les dates importantes de cette période historique.

AVANT FÉVRIER.

Avant février, j'étais simple grenadier, et mon ambition n'allait pas plus loin. Une fois seulement l'idée me vint, ou plutôt me fut inspirée, de solliciter une lieutenance vacante dans ma compagnie. Voici la circulaire autographiée que j'adressai alors à mes camarades.

Monsieur et honorable camarade,

Une lieutenance est vacante dans la compagnie de grenadiers à laquelle nous avons l'honneur d'appartenir; j'ignore quels candidats se présenteront à vos suffrages. Quels qu'ils soient, je viens, sans hésiter (car c'est ici une lutte de zèle et de dévouement public plutôt que de mérite personnel) me présenter à votre choix.

La garde nationale est une institution si précieuse à l'ordre public qu'il est de la plus haute importance pour tous qu'elle comprenne toujours et ne méconnaisse jamais sa mission toute pacifique, toute conciliatrice.

Un excellent esprit l'anime; mais la politique a ses éventualités, ses orages; il importe que, dans les situations difficiles, la voix des chefs se fasse entendre avec persuasion et fermeté.

Arrivé à l'âge où la maturité de l'esprit s'allie généralement à l'énergie du caractère; père de famille, fonctionnaire public, formé par la nature même de ma profession à des habitudes de discipline et de règle, je crois offrir à peu près toutes les garanties qu'on peut désirer dans un chef de milice civique.

Peut-être me demanderez-vous mes opinions politiques; les voici en quelques mots : Je veux, comme but, la liberté dans l'ordre et l'ordre dans la liberté. La liberté sans l'ordre, c'est l'anarchie; l'ordre, sans la liberté, c'est la servitude. Or, un bon citoyen ne veut ni l'une ni l'autre. Comme moyen, je veux la dynastie de juillet, et les institutions de juillet, mais dans leur sincérité, c'est-à-dire, avec toutes les conditions d'un progrès sage, d'un perfectionnement réel

Agréez, monsieur et honorable camarade, l'assurance des sentiments affectueux avec lesquels j'ai l'honneur d'être,

Tout à vous :
Napoléon Theil.
Professeur de seconde au collége royal de Henri IV.

14, rue d'Enfer.

Vous voyez, messieurs, par cette circulaire, que je ne suis pas de ceux qui prévoyaient, il y a deux ans, l'avènement de la République, encore moins de ceux qui

le préparaient ; à moins toutefois que les idées et les sentiments que j'ai répandus çà
et là dans quelques écrits universitaires ne constituassent à mon insu une propagande
républicaine et que je ne fusse ainsi républicain sans m'en douter. La chose n'est pas
impossible. Beaucoup, après février, se sont tout à coup trouvés républicains de la veille,
qui l'étaient à de moindres titres. Quoi qu'il en soit, la République étant survenue et tout
le monde s'étant empressé de la saluer, je fis comme tout le monde, je l'acceptai,
mais sincèrement, sans arrière-pensée, comme une heureuse promesse, comme une
douce et sainte espérance qui souriait à mes vœux de bon citoyen. Revenons à ma
circulaire ; elle n'eut aucun succès, car j'étais fonctionnaire public, et les fonctionnaires
en ce moment n'étaient pas en faveur. Sans cette détestable note que j'avais invoquée,
dans ma bonhomie, comme une puissante recommandation, j'étais lieutenant d'emblée.
Je restai grenadier, ne voulant pas cesser d'être fonctionnaire. Étrange renversement !
j'étais suspect alors à la garde nationale comme employé du gouvernement ; aujourd'hui
je suis suspect au gouvernement comme officier de la garde nationale. Ma vocation, je le
crains bien, est d'être suspect sous tous les régimes.

Février 1848.

Février arriva donc. Mon rôle, messieurs, dans les deux journées qui changèrent si
inopinément la forme du gouvernement de la France, n'eut rien de particulièrement
saillant ; il fut tout bonnement celui d'un honnête et paisible citoyen qui déplore la
guerre civile, quelle que soit la cause qui la provoque, et dont la première pensée est
et sera toujours d'arrêter le plus tôt possible l'effusion du sang. M. Boulay de la Meurthe,
alors colonel de la 11ᵉ légion, aujourd'hui vice-président de la République, pourrait
vous dire, s'il a bonne mémoire et je crois qu'il se souvient assez, quel plan de
pacification, conçu par moi et adopté par lui, allait être mis à exécution au moment où
nous fut apportée la nouvelle de l'abdication du roi et de l'établissement d'une régence.
Il pourrait vous dire aussi avec quel sentiment de bonheur cette nouvelle, qui avait
tout à coup fait taire la voix du canon, fut généralement accueillie dans nos rangs.
Quant à moi, je vous le confesse, dussé-je me compromettre sans retour, j'en versai
des larmes de joie. C'est ce que me rappelait, il y a quelques jours, l'ancien chef de
ce bataillon, M. Tilliard. Convenez-en, on ne pouvait pas raisonnablement s'attendre, le
matin du 24 février, à la République pour le soir.— Sont-ce là tous mes souvenirs per-
sonnels se rattachant à cette époque? Non ; il en est un qui ne s'effacera jamais de ma
mémoire, bien qu'il paraisse s'être beaucoup obscurci dans celle du personnage éminent,
héros immortel de la scène que je vais vous raconter.

LAMARTINE ET LE DRAPEAU ROUGE.

C'était le 25 février. Mon service fait à la mairie, j'étais allé, mon fusil sur l'épaule
(car, en ces jours de confraternité militaire, un fusil laissé au corps-de-garde est toujours
un fusil perdu), voir ce qui se passait du côté de l'Hôtel-de-Ville. Il s'y passait des
choses effrayantes. La foule, profondément agitée, demandait la substitution du drapeau
rouge au drapeau tricolore. Des cris de mort, dirigés surtout contre M. de Lamartine
qu'on appelait légitimiste, carliste, henriquinquiste, s'élevaient de toutes parts, et les
flots toujours plus compactes, toujours plus furieux de cette multitude ondoyante allaient battre les grilles ébranlées, les grilles mal défendues de l'hôtel. Je frémis à ce
spectacle. J'essayai, dans quelques groupes, de défendre le trapeau tricolore et M. de
Lamartine. Mais mon éloquence faillit me coûter cher. « Qu'il vienne donc, votre
Lamartine (votre Martine, disaient d'autres), proclamer devant nous la République !
Mais il ne le fera pas ! Il aurait peur que ça l'étrangle ; mais il n'y perdra rien ; car il
sera étranglé tout de même ; et vous aussi, si vous continuez à nous emb... » Effrayé
de ces dispositions de la foule, je résolus de parvenir, à tout prix, auprès de M. de
Lamartine et de le prévenir. Deux heures je luttai pour arriver jusqu'à la grille, espé-
rant, grâce à mon uniforme, pouvoir pénétrer dans l'intérieur. Impossible. L'idée me
vint enfin de tenter l'entrée par la porte opposée. Je m'y rendis. Elle était également
assiégée, également inabordable. Par bonheur, un détachement de gardes nationaux,
grenadiers comme moi, vint à passer, conduisant à l'Hôtel-de-Ville je ne sais plus quel
convoi. Je me mis à la suite et franchis le seuil. Mais je n'étais pas au bout de mes fatigues. Il fallait arriver jusqu'au siége du gouvernement. Or, l'escalier qui conduisait à
ce sanctuaire était formidablement gardé par des sentinelles de tout costume et de toute

couleur, par des élèves de toutes les écoles, et nul ne montait sans un laisser-passer en bonne forme. J'eus beau (selon le conseil de mon camarade; car j'avais un camarade, venu avec moi de la mairie du 11ᵉ, mais dont le nom m'échappe), j'eus beau, dis-je, prétexter une mission du maire de mon arrondissement, la garde fut inexorable. En toute autre circonstance, j'aurais renoncé à mon entreprise; mais au pied même de cet escalier, assiégé par une masse de personnes de toute condition, les discussions sur le drapeau rouge se continuaient avec fureur : les mêmes cris de mort se faisaient entendre; je persévérai. Bien m'en prit; car un instant après, trompant la vigilance des gardes, je pus me glisser jusqu'au premier étage, dans une petite salle pleine comme un œuf, et sur laquelle s'ouvrait une sorte de guichet par où les membres du gouvernement provisoire venaient haranguer le peuple, c'est-à-dire les délégués introduits. Au moment où j'arrivai, M. de Lamartine était justement à ce guichet, cherchant à se faire entendre, mais n'y pouvant réussir. Sa voix, dès qu'il ouvrait la bouche, était couverte par les cris d'un jeune homme qui tenait à la main ou au bout d'un fusil une pétition où on lisait en grosses lettres : *Organisation du travail*. Ce jeune homme voulait à toute force être introduit dans la salle même des séances du gouvernement. Le tumulte ne faisant qu'augmenter, M. de Lamartine se retira, et la foule désappointée se mit en devoir d'enfoncer la cloison. L'indignation me saisit. Je pénétrai, en me faisant jour à coups de crosse sur les pieds de mes voisins, jusqu'à cette cloison et mettant mon fusil en travers : on ne passe pas, criai-je. Quelques furieux essayèrent de m'arracher mon fusil. Prenez garde, leur dis-je; il est chargé de trois balles, et, comme j'avais la main sur la détente, la foule, chez qui domine toujours l'instinct de la conservation, s'écarta aussitôt. En ce moment parut au guichet un nouvel orateur, qui espérait être plus heureux que M. de Lamartine. C'était Louis Blanc. Mais, à son arrivée, la même scène recommença : *Laissez passer*, criait-on, *la pétition pour l'organisation du travail! Place à la pétition!* Et la foule s'ébranlait, et tous les efforts réunis se portaient vers la cloison. Elle allait céder, quand un ouvrier, enlevant dans ses bras vigoureux le jeune orateur prêt à se retirer aussi, le présenta à la foule et, grâce à l'aide que je lui prêtai, le maintint au-dessus de toutes les têtes, réclamant pour l'ami des travailleurs quelques instants de silence. On fit silence. Louis Blanc, visiblement ému d'abord, se remit par degrés; sa parole bientôt devint nette, ferme, éclatante; sa phrase même eut quelque chose d'académique dont je fus frappé. Quelle fut la substance de son discours ? Des promesses, si je m'en souviens bien, en composaient tout le fond. Pour la foule c'est beaucoup. L'effet fut prompt; le calme se rétablit et de vifs applaudissements suivirent l'orateur dans sa retraite. Comme je le portais, je fus nécessairement de sa suite et je pus, grâce à cette circonstance, pénétrer jusque dans ce long corridor où fonctionnait l'imprimerie du gouvernement, fabriquant force décrets, et où Lagrange, gouverneur de l'Hôtel-de-Ville, allait et venait, suant, soufflant, fort affairé et agité. Je fus arrêté à la porte du fond par un factionnaire garde national. Je me mis en faction à l'autre battant de cette porte et j'attendis. Au bout d'une demi-heure, mon homme s'étant absenté, je pus m'insinuer jusqu'à l'entrée d'une seconde pièce, antichambre du gouvernement provisoire, dans laquelle siégeait M. Flottard, aujourd'hui conseiller de préfecture, à qui je dois peut-être un de mes deux mois de suspension, sinon tous les deux. (Ces vieux républicains sont très-rigides en fait de discipline, surtout quand ils croient voir poindre à l'horizon le spectre de la monarchie). Je trouvai en faction à cette porte et faisant son service avec une sévérité remarquable, le citoyen Malefille, alors rédacteur du *National*, et naguère ambassadeur de la République en Portugal. Je lui demandai sa consigne et m'associai à sa dure besogne, en attendant l'arrivée de M. de Lamartine, à qui j'avais fait dire par M. Carnot, je crois, qu'on le demandait pour une communication importante. Il parut enfin. J'allai à lui, je lui exposai la gravité de la situation, et comme en ce moment la foule qui encombrait la petite pièce au guichet, poussée en avant par le flot populaire qui montait toujours, venait d'envahir la longue salle que longe le corridor, je l'y entraînai avant qu'il eût eu le temps de se reconnaître, sûr de son triomphe, s'il parlait. Je lui présentai une chaise; il y monta et, le silence s'étant fait, il prononça cette magnifique harangue, dont Lagrange, écho un peu bruyant, transmettait quelques lambeaux par une fenêtre à la foule pressée dans la cour. Ce que j'avais prévu arriva. Le peuple subit l'ascendant de cette magique parole. Mais si l'enthousiasme était au comble dans cette salle, il y avait sur la place même de l'Hôtel-de-Ville une autre foule dont les vociférations parvenaient jusqu'à nos oreilles : c'était celle-là qu'il fallait surtout calmer. L'orateur, satisfait de son succès, se disposait à rejoindre ses collègues ; mais je le tenais par le bras et lui déclarai que je ne le lâcherais point qu'il n'eût paru au balcon et remporté un nouveau triomphe. Il hésitait ; je l'entraînai. Arrivé là, il monta sur un fauteuil, fit signe de la main qu'il allait parler, parla, et le seul mot de république, descendu de ses lèvres sur la foule attentive, suffit pour changer la colère en ivresse, les cris de mort en frénétiques acclamations. Cependant que faisais-je ? mon rôle de grenadier, représentant de la garde nationale. Pendant tout le temps que parla M. de Lamartine, je fus à côté de lui, mon énorme bonnet à poil sur la tête, ma main gauche placée sur le canon de mon fusil, la main droite appuyée sur la poitrine de l'orateur. Pourquoi cette attitude ? quelle inspiration me la faisait prendre ? Sans doute j'avais compris instinctivement que, lorsqu'un orateur suspect à la foule prend la parole devant elle en de si critiques conjonctures, il est bon que les battements de son cœur, interrogés et pris en quelque sorte à témoin, répondent de la sincérité de son langage.

Ce même jour, à six heures du soir, je fus chargé de porter, de l'Hôtel-de-Ville au ministère de l'intérieur, une dépêche qui donnait l'ordre à je ne sais quel officier d'aller, avec son détachement, prendre au Palais-Royal, pour la transporter de là au Trésor, une somme de *vingt millions*, trouvée dans les caisses de la liste civile, ainsi que des diamants. Comme j'étais exténué de fatigue et mourant de faim, je remis la dépêche à un élève de Saint-Cyr, messager de l'Hôtel-de-Ville, que je rencontrai à cheval devant la mairie du dixième arrondissement.

Tels sont, messieurs, mes souvenirs de grenadier, et la part que j'ai prise comme tel à la révolution de février. En juillet 1830, j'avais, pour tout exploit, sauvé deux Suisses de la caserne Babylone, ce qui m'avait rendu, je l'avoue, plus heureux et plus fier que si j'en eusse tué dix. En février 1848, j'ai ravagé ma garde-robe pour déguiser trois gardes municipaux de la caserne des Célestins, pris à la préfecture de police et dirigés sur la mairie du onzième arrondissement ; de plus, j'ai un peu contribué, vous avez vu comment, à sauver le drapeau tricolore et peut-être M. de Lamartine. Je crois qu'il y a progrès, et qu'on ne peut guère se refuser à voir en moi déjà un garde national sauveur, sinon conservateur.

<h3 align="center">Avril 1848. — Commandant.</h3>

J'arrive au commandant, qui seul est mis en cause. Ma nomination, messieurs, date des élections générales. Lorsqu'elles eurent lieu, au commencement d'avril, j'étais à Limoges, chargé par M. Carnot, ministre de l'instruction publique, d'une mission toute de confiance. C'est dire que si par hasard l'intrigue, qui se glisse partout, a eu, ce que j'ignore, quelque part à mon élection, je dois en être fier ; car l'intrigue désintéressée, officieuse, est fort rare ; elle est un hommage à celui à qui elle profite, et il est beau de faire mentir le proverbe : les absents ont tort. Il est vrai que ce qui m'arrive pourrait le justifier. Peut-être, en effet, présent ne m'eût-on pas élu ; ce qui m'eût épargné le double désagrément d'une détention de six semaines et d'une suspension de deux mois ; mais il était écrit sans doute que je passerais par ces deux épreuves, et c'était là le but providentiel de ma mission.

<h3 align="center">Mission à Limoges.</h3>

Pourquoi ne vous parlerais-je point, en passant, de cette mission ministérielle qui se rattache d'une façon si étroite à ma destinée militaire ? Laissez-moi vous en dire deux mots ; elle ne manque pas d'originalité.

Ma mission à Limoges, messieurs, était d'aller pacifier le lycée où de graves désordres avaient eu lieu, à la suite et à l'imitation de ceux du lycée de Poitiers. Pacifier ! étrange début, direz-vous, pour un futur conspirateur. Croyez-moi pourtant, rien n'allait mieux à mon caractère. Aussi mon intervention fut-elle couronnée d'un plein succès. Quelques mots paternellement sévères, mais qui n'avaient, je l'avoue, rien de pédant, suffirent pour faire rentrer dans le devoir ces jeunes gens égarés. Leur soumission fut si prompte, si entière, que je voulus les en récompenser par une fête de famille. Quelle fut cette fête de famille et d'où m'en vint l'idée ? Je le donnerais à deviner en mille à l'éminent Prélat qui, avant février, sur un simple fragment de discours, m'a foudroyé comme impie, et aux modérés qui, aujourd'hui, sur le bruit de mon arrestation, m'anathématisent sans doute comme républicain forcené. Écoutez bien ceci : J'avais appris, par les détails qui me furent donnés sur la marche de l'esprit public à Limoges, que, dans toutes les solennités populaires, le clergé avait été laissé à l'écart. J'en fus affligé; car, selon moi, la République, la vraie, la bonne , celle qui me sourit, n'exclut aucun de ses enfants ; elle les groupe tous avec le même amour autour de son giron maternel, et elle ne souffre pas que ce qui est fête pour les uns puisse être deuil pour les autres. Je résolus de réparer ce fâcheux oubli, et j'imaginai, dans ce dessein, de faire planter, dans la cour du lycée, un mai que le clergé serait appelé à bénir. Représentant d'un ministre, j'étais omnipotent ; la cérémonie eut lieu avec tout l'éclat convenable , et voici l'allocution que je prononçai à cette occasion. Homme d'ordre, je conserve mes discours :

> Jeunes gens,
>
> Pour sceller votre réconciliation avec vos excellents chefs, pour célébrer votre retour à l'ordre et à la discipline , je vous ai promis une fête de famille. Je tiens parole. Une fête patriotique , n'est-ce pas aujourd'hui une fête de famille, une fête de frères?
>
> La cérémonie qui nous rassemble a un sens profond. Je désire que vous en soyez pénétrés. Cet arbre que vous plantez , c'est une pensée que vous gravez dans votre mémoire ; c'est un monument destiné à vous rappeler sans cesse, au milieu de vos jeux les plus folâtres, le souvenir et en quelque sorte l'image de la patrie. La patrie française vient, comme cet arbre, d'être transplantée sur un sol nouveau, le sol de la liberté, de l'égalité, de la fraternité. Comme cet arbre, elle a besoin de croître et de se fortifier. Toutefois, la similitude n'est point parfaite. Cet arbre transplanté trouvera naturellement dans la terre les sucs nourriciers qui alimentent la séve ; l'air lui apportera de lui-même les éléments vitaux qu'il recèle ; en un mot, il croîtra sous les seuls auspices , sous la seule influence de la nature, sa mère. Il n'en est pas ainsi de la patrie ; pour grandir, pour se développer, pour acquérir le degré de force et de puissance que ses destins lui promettent, elle a besoin du concours de tous ses enfants. C'est en elle-même, en elle seule, qu'elle doit puiser les éléments de sa force et de sa vie.
>
> Comprenez-vous, jeunes gens, le sens de cette fête symbolique ? Cet arbre est là pour vous dire sans cesse : travaillez, enfants : cultivez votre intelligence ; developpez par la culture intellectuelle et morale les riches facultés, les nobles instincts que Dieu a déposés dans vos âmes ; devenez de bons citoyens, c'est-à-dire des hommes éclairés, moraux, religieux, laborieux. C'est ainsi que vous féconderez le sol de la patrie ; c'est ainsi, et seulement ainsi, que vous parviendrez à former, selon le vœu de la République , une nation d'hommes vraiment libres, vraiment égaux , vraiment frères.
>
> Et vous, ministres de l'Évangile , dont la mission est ici-bas de prier et de bénir, appelez sur cet arbre, emblème de la France nouvelle, les bénédictions de celui sans qui rien ne saurait croître et prospérer sur la terre. Je suis heureux de voir la religion s'associer à l'œuvre de régénération qui commence en ce moment. Ce concours est à la fois pour elle une sanction et un gage d'avenir. Je vous en remercie au nom de la République.

Après moi, M. l'abbé Gattrez, recteur de l'Académie, M. Delor, curé de Saint-Pierre, M. Ubertin, proviseur du lycée, prirent successivement la parole et dirent d'excellentes choses. Bref, tout se passa le mieux du monde, et un bon exemple avait été donné.

Mais là ne se borna point mon intervention pacifique. Limoges se trouvait dans une situation cruelle. Deux clubs rivaux , entre lesquels se partageaient les sympathies de la population , s'observaient avec colère et une collision était imminente. C'était là, comme ailleurs, l'éternelle querelle de l'ouvrier et du bourgeois. On tremblait. Or, j'avais des amis, des camarades d'enfance dans les deux camps; je n'étais compromis dans la querelle par aucun antécédent ; j'étais dans d'excellentes conditions pour le rôle de conciliateur : je le pris. Je me présentai dans les deux réunions, porteur de bonnes paroles, et je reçus mission, des deux parts, de négocier une paix honorable. La tâche était délicate ; elle demandait force ménagements, beaucoup de discrétion, de patience et d'activité. Je fis de mon mieux ; voici la circulaire que j'adressai aux habitants :

> Habitants de Limoges,
>
> Souffrez qu'un enfant du pays, dont le cœur fut toujours avec vous, vous adresse, à la veille d'un grand acte de souveraineté nationale, quelques paroles de conciliation et de paix.
>
> La France est enfin délivrée du joug odieux qui pesait sur ses destinées ; la monarchie n'est plus ; nous l'avons brisée ; et tous les peuples, à notre exemple, se lèvent pour s'affranchir. Le jour approche où l'humanité, rentrée dans les voies providentielles, ne formera plus qu'une seule et même famille. Déjà l'édifice d'union, de charité et de paix qui doit l'abriter tout entière, surgit du sol; et ces mots de Liberté , d'Égalité, de Fraternité, que la France, éternelle initiatrice des nations, a inscrits sur son glorieux drapeau, seront bientôt, sur toute la terre, de vivantes réalités.
>
> Plein de ces pensées consolantes , ivre d'enthousiasme et d'espoir, le cœur tout ému de l'admirable spectacle qu'offre au monde, en ce moment, l'héroïque population de Paris, je suis venu parmi vous remplir une mission de confiance dont m'a chargé le ministre de l'instruction publique. Heureux de revoir ma ville natale , après une révolution si belle, pressé

de mêler ma joie à celle de mes amis d'enfance, je suis accouru, négligeant volontiers des intérêts pour des affections

Le dirai-je? à peine entré dans vos murs, j'ai senti mon cœur se serrer et la tristesse succéder à ma joie. Vainement je cherchais autour de moi l'enthousiasme, l'élan, l'animation
calme et confiante de la capitale; une cité morne, inquiète, voilà ce qui s'offrait à mes regards;
je ne retrouvais plus l'image de ce que je laissais.

Pourquoi, chers concitoyens, pourquoi, dans votre ville, cet aspect désolé? Dans ma douloureuse surprise, j'ai interrogé vos cœurs, j'ai sondé votre pensée, et tous je vous ai trouvés
unanimes. Tous, vous vous réjouissez de la chute du régime monarchique; tous, vous avez
salué avec la même espérance l'avènement de l'ordre nouveau; vous n'avez tous qu'un même
vœu; toutes vos poitrines battent à l'unisson. Pourquoi donc, je le répète, cette profonde
tristesse? Pourquoi, lorsque l'aurore d'une civilisation nouvelle, objet de vos communs dé-
sirs, commence à poindre sur l'horizon de votre patrie, ne vous unissez-vous point dans une
joie commune? Qui peut paralyser ainsi l'elan de vos âmes, arrêter votre industrie, suspendre
vos transactions commerciales?

Citoyens, je vais vous le dire, car j'ai mis le doigt sur votre plaie. Vous êtes tristes, parce
que vous vous méconnaissez mutuellement, parce que vous ignorez jusqu'à quel point vos
âmes sympathisent, jusqu'à quel point vos volontés sont d'accord. Vous êtes sous l'empire de
préventions injustes. Des souvenirs d'un autre temps importunent votre imagination, et vous
empêchent d'apprécier avec justesse le caractère de votre époque, la profonde différence des
idées, des sentiments et des mœurs; et il arrive ainsi que des hommes qui n'ont qu'un seul
drapeau, qu'une seule et même devise, se retranchent dans deux camps, comme deux armées
ennemies.

Il est temps, citoyens, de mettre un terme à ces funestes malentendus, de dissiper ces
préventions déplorables. Pour vous unir, que faut-il? quelques minutes de contact et de libre
effusion. Entrez donc en communication, mêlez-vous, touchez-vous; vous êtes plus semblables
et plus frères que vous ne le croyez.

Oui, bourgeois, vous reconnaîtrez que ces ouvriers dont on cherche à vous épouvanter ont
de belles et grandes âmes; sous la rudesse des formes et l'aspérité du langage, vous trouverez
les sentiments les plus généreux, les aspirations les plus nobles; vous serez étonnés des tré-
sors de patience, de résignation, de dévouement, de courage, que recèlent ces natures souvent incultes.

Et vous, ouvriers, je vous le dis : Ces bourgeois qu'on vous a signalés comme des égoïstes,
comme des tyrans, heureux de vous exploiter et de vivre de vos sueurs, ces bourgeois ont,
comme vous, des entrailles. Eux aussi ont au cœur ce que Dieu donne à tout homme en l'ani-
mant de son souffle, je veux dire un foyer d'amour et de charité; tous se sentent sollicités
par de brûlantes sympathies; tous sont également impatients de réaliser l'Égalité et la Fraternité. Mais, comme vous, ils sont enlacés par des liens qu'il faut dénouer et non briser; et,
comme vous, ils disent, dans une mortelle angoisse : Que faire pour y arriver sans secousse,
sans cruels désastres, sans sacrifices humains? Question terrible qui se dresse devant tous
comme un fantôme et qui cessera d'être menaçante quand vous l'envisagerez avec calme,
union et ferme volonté.

Ouvriers et bourgeois, vous le voyez, ce qui vous divise, ce n'est pas le cœur; par le cœur,
vous êtes déjà frères. Ce qui vous divise, c'est la vicieuse organisation des choses. Unissez-
vous donc pour la changer pacifiquement, pour aviser de concert aux moyens de déblayer ce
qui reste encore des débris du vieux monde, et construire le monde nouveau.

Au nom de la France qui a tant besoin de consolider son œuvre et de développer sa con-
quête; au nom de l'Europe, qui a sur nous les yeux fixés, et attend de notre attitude son salut
ou sa perte; au nom de l'humanité tout entière, intéressée à la concorde, à l'entente de tous
les membres de la famille française; au nom du présent, au nom de l'avenir, citoyens de
Limoges, fraternisez! Venez confondre dans une sorte de communion patriotique vos vœux,
vos espérances et vos joies; qu'une fête solennelle vous rassemble tous autour d'un symbole
d'union et de paix. Contribuez par ce noble exemple à fonder plus étroitement que jamais
l'unité française, première assise de l'unité européenne. Par là vous assurerez la sécurité,
la prospérité du présent, vous préparerez les voies de l'avenir.

Quant à moi, qui vous adresse ces paroles sorties du cœur, je serai heureux, si je puis, en
quittant votre cité rendue au calme et à la joie, aller dire à vos frères de Paris qu'ils n'ont
pas le privilège du patriotisme et que vous êtes en tout dignes d'eux.

Napoléon THEIL.

Cette espèce de proclamation, répandue à dix mille exemplaires, produisit sur les
esprits un heureux effet. Le sentiment de paix dont j'étais animé se communiqua rapidement à la population tout entière. Les clubistes les plus rebelles, pris à part et caté-
chisés à huis clos, furent ébranlés. La fusion tant désirée allait enfin s'opérer, lorsque arriva
de Paris un délégué du club des clubs, dont la malencontreuse présence gâta tout. J'aurais lutté contre cette influence funeste, et triomphé, je n'en doute pas, si j'avais pu
prolonger encore mon séjour à Limoges. Mais ma mission avait une limite, mon budget
aussi; je dus partir.

17 avril. — Les ouvriers du Champ-de-Mars.

De retour à Paris le 17 avril, huit jours après ma nomination de commandant, on eût dit que j'arrivais tout exprès pour entrer en exercice, même avant d'être équipé. A peine en effet avais-je en le temps d'embrasser ma femme et mes enfants, que déjà j'étais à la tête de mon bataillon, qui fut longtemps sans soupçonner ma présence; et plus d'un se demanda quel était ce personnage qui, un bonnet de police sur la tête et le briquet à la main, marchait flanqué de l'adjudant-major, avec l'air du commandement. C'est que ce jour là l'Hôtel-de-Ville était menacé, disait-on, par deux cent mille ouvriers réunis au Champ-de-Mars, et il n'y avait pas un moment à perdre. C'était heureusement une fausse alerte. Mais vous voyez, messieurs, que, quand le devoir m'appelle, je mets volontiers de côté non-seulement les excuses les plus plausibles, mais, ce qui a peut-être bien aussi son mérite, la coquetterie du métier. Car, ce jour-là, je vous l'assure, je n'étais pas un brillant commandant.

18 avril. — Club de la Jeune-Montagne.

J'ai dit en commençant que je n'avais jamais mis le pied dans un club. Je me suis trompé. Quelques jours avant les élections, lorsque la fermentation excitée dans les esprits par l'approche de cette solennelle et décisive épreuve était au comble, et qu'à tous les coins de rue, sur toutes les places publiques, se faisait une active et ardente propagande, il m'est souvent arrivé d'aller me mêler à ces clubs en plein vent et d'y prendre la parole, pour rectifier mainte idée erronée que la foule semblait accueillir avec faveur, pour ramener l'auditoire exalté à des sentiments plus pacifiques, plus fraternels; il m'est arrivé même de paraître dans un club proprement dit. Ce que j'y vis, ce que j'y fis mérite d'être raconté. Il y avait, rue Neuve-des-Poirées, au rez de-chaussée du bâtiment des concours, un club appelé, je crois, club de la Jeune-Montagne. Ce club, présidé par un citoyen Michelot (Juin-d'Allas), que la justice criminelle a depuis revendiqué comme un de ses hôtes légitimes, était la terreur du quartier. Les motions les plus incendiaires y étaient constamment à l'ordre du jour, et malgré le profond dégoût qu'inspiraient à tout le monde les discours qui s'y débitaient, nul n'osait élever la voix dans ce pandémonium révolutionnaire. Je fus tenté de voir ce qui s'y passait, et un soir, le 18 avril, je crois, je m'y rendis. J'y fus témoin d'une scène admirable. On agitait, ce soir-là, la question de savoir s'il ne fallait pas, par une manifestation imposante, obtenir que l'époque des élections fût reculée et, de plus, qu'aucune troupe n'entrât dans Paris. La manifestation était tout organisée pour le lendemain; il s'agissait d'engager la population du club à s'y rendre. La cause du désordre paraissait gagnée, lorsque tout à coup parurent à la tribune deux jeunes gens, membres d'un club voisin, et venus à celui-ci en visiteurs. L'un d'eux demanda la parole et l'obtint, non sans difficulté. Il se mit à combattre avec énergie, et dans un langage aussi élégant que facile, les deux motions dont le succès paraissait assuré. L'étonnement, la colère s'empare du bureau; le président déclare qu'on ne peut pas entendre plus longtemps un orateur qui manque au respect dû à l'assemblée et qui veut tromper le peuple. A ces mots, le jeune homme se retourne, et, apostrophant directement le président : « Tromper le peuple, dites-vous ; oui, vous avez raison ; quelqu'un ici veut tromper le peuple, et ce quelqu'un, c'est vous ! c'est vous qui, pour mieux l'abuser, pour vous jouer plus sûrement de sa simplicité, de sa candeur, affectez de vous dire ouvriers. Ouvriers, vous ! vous mentez ! jamais vous ne l'avez été. Montrez vos mains ! ou plutôt, qu'ai-je besoin de vos mains? ma preuve, c'est le langage que vous venez de tenir, ce sont vos calomnies contre l'armée. Jamais un ouvrier n'eût parlé, comme vous l'avez fait, de ses braves frères qui sont sous les drapeaux ! Vous n'êtes, vous, que des artisans de discorde et de guerre civile ! et je vous dénonce ici comme tels! justifiez-vous ! » A cette foudroyante apostrophe, le président restait muet, anéanti; il était pâle; ses lèvres tremblaient; un silence profond régnait dans toute la salle. Il se lève enfin, et, d'une voix altérée : « Citoyens, dit-il, permettrez-vous qu'on insulte impunément votre président? » Personne ne bougeait, ni ne répondait ; on n'entendait qu'un léger frémissement dans l'auditoire. Le jeune homme était resté à la tribune, et, les bras croisés sur la poitrine, la tête haute, attendait. Sur un signe du président, quelques hommes qui se trouvaient au pied de la tribune se jettent sur lui; le saisissent par ses vêtements et le précipitent. Ils allaient lui faire un mauvais parti, et ce ne fut qu'un cri dans toute la salle; mais aussitôt plusieurs jeunes ouvriers, membres du club, s'élancèrent, l'arrachèrent de leurs mains, et lui faisant un rempart de leurs corps : « Arrière ! crièrent-ils ; respect à la liberté de la tribune! » Ils firent retirer l'imprudent orateur dans un coin de la salle, où il demeura sous leur protection. Cependant je m'étais élancé moi-même, et demandai à parler. Le bureau refusait ; mais un personnage mystérieux, un vieux montagnard qui se promenait, l'écharpe au bras, dans l'allée ménagée au milieu de la salle, fit signe qu'il fallait m'entendre. On m'entendit. Je repris la thèse du jeune orateur, mais avec plus de ménagements dans la forme ; je supposai au bureau les meilleures intentions ; mais, tout en reconnaissant sa bonne foi, je devais lui faire remarquer qu'il se trompait, et que ce qu'il regardait comme des mesures salutaires pouvait avoir pour le pays les conséquences les plus désastreuses. Je m'adressai, en plaidant la cause de l'armée, à tout ce que le cœur du peuple renferme de noble et de généreux. Je fus compris, et quand je descendis de la tribune, après avoir été vivement applaudi, chacun me pressait la main en disant : « Vous avez raison, citoyen ; nous n'irons pas à la manifestation. » Je fus arrêté au passage par le vieux montagnard ; il me serra la main à me la briser pendant près de cinq minutes, me félicitant tout bas et à l'oreille ; car il avait une extinction de voix. C'était, disait-il, la cinquième nuit qu'il passait blanche, son service à l'Hôtel-de-Ville étant on ne peut plus pénible. Ce montagnard, je le revis deux jours après, le 20 avril, au pied de l'arc de triomphe, à cheval et caracolant dans le cortége du gouvernement provisoire. Qu'était devenu, demanderez-vous, le courageux jeune homme, et qui était-il ? Ce jeune homme, messieurs, avait pu s'esquiver pendant mon discours : c'était un élève de l'École normale, aujourd'hui professeur ; il s'appelle Clémencet. Vous voyez, messieurs, que l'Université n'est pas toute composée de boute-feux, et qu'elle a dans son sein des missionnaires de paix qui savent élever la voix quand la tempête gronde.

20-21 avril

Le 20 de ce même mois, jour de solennelle revue, j'étais équipé de pied en cap , conformément à l'ordonnance. Ce jour-là, messieurs, mon rôle fut entièrement passif, et je n'ai rien à vous signaler, sinon que, après avoir été mouillé jusqu'aux os par la pluie fine qui tomba dans la matinée, je restai dix-sept heures à cheval, au pied de l'estrade de l'Arc-de-Triomphe, sans descendre, sans boire ni manger ; il est vrai que j'étais ivre d'enthousiasme, et qu'on ne sent guère l'aiguillon de la faim quand on voit défiler devant soi 300 ou 400,000 hommes en armes, saluant avec des transports de joie et des chants d'allégresse l'aurore d'une ère nouvelle, toute de paix et de fraternité. On croyait cette ère enfin venue ; ce n'était, espérons-le, qu'une erreur de date.

73e de ligne. — MARÉCHAL NEY.

C'est, je crois, le lendemain de cette journée que se noua, au milieu de la bière et du punch, le lien de fraternité qui devait unir la 11e légion et le brave 73e de ligne, dont un bataillon était venu à Paris recevoir le drapeau. Une scène touchante et tout à fait improvisée signala le départ de ce bataillon retournant à Blois. Beaucoup de gardes nationaux avaient voulu lui faire la conduite. C'est moi qui commandais le cortége. Arrivé dans la rue d'Enfer à la hauteur de l'avenue de l'Observatoire, un souvenir me frappa ; je songeai à 1815 et à cet humble monument qui, solitairement adossé au mur de la Chartreuse, reçoit de temps en temps le culte discret de quelque vieil invalide, apportant pour offrande une prière avec un bouquet d'immortelles. Je donnai aussitôt les ordres nécessaires pour que la colonne, dirigée de ce côté, allât se ranger en bataille devant l'emplacement funèbre. Après avoir fait présenter les armes et battre aux champs : « Soldats, m'écriai-je, c'est ici qu'il y a trente-trois ans, l'illustre maréchal Ney, surnommé le brave des braves par les soldats de l'empereur, a été fusillé sans pitié. Son crime était de n'avoir pas su résister à la puissance des souvenirs, à l'entraînement de la reconnaissance et de l'amitié, au prestige vainqueur du nom de Napoléon. La restauration a flétri cette grande renommée militaire ; il appartient à la République de la réhabiliter. Soldats! genou, terre! Drapeau sans tache, drapeau vierge de la République nouvelle, incline-toi devant ce monument d'un des plus nobles fils de la France. Gloire, gloire immortelle à la mémoire de Ney ! »—Messieurs, ne jugez pas avec le sang-froid de notre époque blasée les inspirations de ce temps-là!—La colonne se releva émue jusqu'aux larmes, reprit, silencieuse et recueillie, sa marche un moment interrompue, et ne sortit de la méditation où elle paraissait plongée qu'à la barrière de la Glacière, où les chants patriotiques, entonnés d'une commune voix, firent succéder à la morne tristesse des impressions récentes les joyeux élans de l'enthousiasme. A Gentilly, le cortége s'arrêta, et les adieux pleins d'effusion se firent autour d'un tonneau de vin qu'une souscription improvisée avait, en quelques minutes, fait dresser en plein air, et que d'officieux échansons, prodigues avec discernement, vidèrent en moins d'une heure, sans qu'il résultât de ces libations fraternelles d'autre ivresse que celle de la joie.

1er mai. — BLOIS.

Nous nous quittâmes, mais pour bientôt nous revoir; car les officiers du détachement, avec lesquels nous avions déjeuné le matin, nous avaient fait promettre d'être à Blois le même jour qu'eux pour assister à la réception du drapeau. Accompagné de neuf camarades, pour lesquels j'avais obtenu le passage gratuit sur les chemins de fer d'Orléans et de Tours, j'arrivai au rendez-vous le jour dit et à l'heure même où le bataillon, porteur du glorieux étendard, faisait en ville son entrée triomphale. Le régiment et la garde nationale, prévenus de notre départ, nous attendaient. Dire la joie, l'effusion qui signalèrent et cette entrevue et les fêtes qui, pendant trois jours, se succédèrent à Blois en notre honneur, n'est pas chose possible. Heureux temps! jours si beaux, si purs, qu'êtes-vous devenus? Vous reverrons-nous encore? — Deux banquets nous furent offerts, l'un par la garde nationale, chez un restaurateur, l'autre par le 73e, dans les salons et sous la présidence du préfet, M. Séhire. Dans ces deux fêtes régna le plus heureux abandon, la plus franche cordialité. Le hasard avait fait rencontrer là, après vingt ans de séparation, deux compatriotes, deux camarades de collége, l'un représentant du peuple et, la veille encore, commissaire du département de Loiret-Cher; l'autre professeur dans un lycée de Paris, tous deux chefs de bataillon dans la milice civique, et comme tels placés côte à côte, sans autre préméditation. Leur reconnaissance avait été un vrai transport, et leur bonheur s'était communiqué à toute l'assistance. Les toasts s'en ressentirent, la conversation en fut empreinte. Bref, l'ivresse fut générale et prolongée: je dis prolongée, car le lendemain 3 mai, jour de notre départ, le conseil municipal de Blois, réuni par une convocation spéciale de M. Leroy, alors maire de la ville, aujourd'hui préfet du département, prit une délibération dont voici l'extrait, qui m'a été expédié sur parchemin et que je conserve religieusement parmi mes plus précieuses archives:

Extrait de la délibération du conseil municipal de la ville de Blois du 3 mai 1848.

LE CONSEIL MUNICIPAL DE BLOIS,

Considérant que les citoyens de la 11e légion de la garde nationale de Paris dont les noms sont indiqués ci après (1) ont été les hôtes empressés et bienveillants de nos braves et chers frères du 73e de ligne en garnison à Blois, envoyés en détachement pour la grande fête du 20 avril dernier;

Considérant que ces enfants de Paris, reçus parmi nous avec effusion et bonheur, ont demandé à être considérés comme nos concitoyens; que cette demande est un témoignage d'estime et de fraternité dont nous sommes fiers et heureux:

ARRÊTE A L'UNANIMITÉ:

Les citoyens THEIL (Jean-François-Napoléon), 1er chef de bataillon, 2e bataillon, 11e légion, rue d'Enfer, no 14, ... et autres, sont déclarés citoyens de Blois Ils seront inscrits en tête des tables de la population de la cité. Ils seront éligibles au conseil municipal en qualité de membres honoraires du conseil. Une correspondance suivie entre eux et ceux de Blois entretiendra les sentiments d'intérêt et de fraternité entre les citoyens de Blois et leurs concitoyens d'adoption.

Copie des présentes sera adressée à chacun d'eux et restera affichée dans la salle des séances du conseil.

Fait et arrêté à Blois, les jour et an que dessus.

La minute est signée : DARNEAUX-BERRUER, DUPOU-GENTIL, FLOCEAU, GIRAUD, LANGE, PÉAN, PORCHER-GUIBERT, CORMIER, Dr DUFAY et LEROY.

Le président de la commission municipale : LEROY.

Qui nous a valu, messieurs, ce diplôme de bourgeoisie blaisoise? Seraient-ce des discours incendiaires et des toasts couleur de sang? Il y a peu d'apparence. Notre titre à cet honneur fut sans doute la modération de notre langage parfaitement en harmonie avec les mœurs

(1) Voici ces noms : Barthélemier, Dusommerard, Lhuilier, Lhérideau, capitaines; Fèvre, Jolland, lieutenants; Lalaisse, sergent; Furne, Marescq, gardes.

paisibles de la cité ; à moins que nous ne le devions à une autre conformité, hélas ! plus passagère, avec le génie constant de nos hôtes, je veux dire à quelques saillies heureuses, inspirées par la gaieté générale ou dues à l'influence du lieu, et qui, le soir autour de la vaste table où fumait le café, moins bouillant que notre verve, faisait dire à mon ami Ducoux, héros principal de ce tournoi d'esprit : « Messieurs, nous sommes trop aimables, embrassons-nous et que cela finisse ! » Brave Ducoux ! de ton temps, j'étais l'ami et le convive du préfet de police, je n'étais pas pensionnaire de la conciergerie !

15 mai.

C'est moi, messieurs, le croiriez-vous, qui ai arrêté le citoyen Raspail, moi qui l'ai écroué au Petit-Luxembourg. Quand je dis arrêté, entendons-nous ; je n'ai jamais de moi-même arrêté personne, et je m'y sens à présent moins disposé que jamais. Voici le fait. Après une chaude journée pleine de fatigues et d'alarmes, le 2ᵉ bataillon était venu de la rue de Tournon s'échelonner sur la place Saint-Michel et dans la rue des Francs-Bourgeois. On sait que c'est dans la maison nº 5 de cette rue que Raspail vint le soir chercher un refuge chez son fils ; on vint me dire qu'il était là et m'engager à l'arrêter. Je n'eus garde ; sans mandat, sans réquisition, je n'avais pas ce droit ; j'ignorais d'ailleurs les détails de l'attentat et la part que Raspail y avait pu prendre. Je fis seulement cerner à petit bruit et observer la maison. Mais bientôt M. Magin, qui avait appris aux Tuileries la retraite de Raspail et était allé immédiatement demander à M. Marie un ordre d'arrestation, arriva avec le lieutenant-colonel Pascal, et, requis en bonne forme de prêter ma coopération, j'obéis. Il me reste de ce jour-là trois bons souvenirs : le premier, c'est ce refus d'arrêter d'office et par zèle ; le second, c'est qu'au moment de partir pour la prison, j'accordai : 1º à Raspail le père, qui n'avait pris qu'un bouillon le matin et qui redoutait la cuisine, pourtant fort renommée alors, du Petit-Luxembourg, la permission de prendre quelque nourriture chez son fils : permission qui lui fut aussitôt retirée par une volonté supérieure ; 2º à Raspail le fils, l'amputé, *qui ne figurait point sur le mandat d'arrêt*, la faveur, sollicitée par lui, d'accompagner son père en prison. Le troisième enfin, c'est que sur ma prière, transmise rapidement sur toute la ligne par les soins du capitaine Brier, et accueillie partout avec une intelligence de cœur qui honore infiniment la 11ᵉ légion, le fiacre qui, outre les trois prisonniers, contenait encore M. Magin et moi, put cheminer au pas, de la rue des Francs-Bourgeois au Petit-Luxembourg, à travers une double haie de gardes nationaux, sans qu'un cri, sans qu'un mot injurieux vînt blesser l'oreille de ceux sur qui s'appesantissait la main de la justice. Partout un religieux silence témoigna de ce respect profond qui est dû à la personne sacrée d'un prisonnier. Je rappelle ces faits, moins pour en glorifier la 11ᵉ légion que pour la venger de quelques regrettables paroles prononcées devant la Cour de Bourges par celui-là même qui aurait dû moins que personne perdre la mémoire de nos bons procédés.

A ces trois souvenirs, j'en puis ajouter un quatrième non moins honorable pour la 11ᵉ légion. Quand, dans l'après-midi, nous vîmes défiler, rue de Seine, un bataillon de garde nationale au centre duquel brillait, au bout d'un fusil, l'épée arrachée au général Courtais, la vue de cette épée fit naître dans toutes les âmes un sentiment pénible. On ne put s'empêcher de penser que le général ainsi désarmé et dégradé était un vieillard à cheveux blancs. Même en le croyant coupable, on déplorait cette violence.

Journées de juin.

Nous voici arrivés à une date néfaste, aux journées de juin. Ma conduite dans ces journées funestes n'est point assez connue. C'est ma faute. Chargé, comme commandant en premier, de faire un rapport général sur la part prise par le 2ᵉ bataillon à la défense de l'ordre, je m'attachai uniquement à faire valoir les services de mes camarades, laissant à mes supérieurs le soin de parler de moi. Ils l'oublièrent, ou plutôt, car je ne puis douter de leur bon vouloir, ils pensèrent m'être agréables en imitant mon silence ; mon colonel se rappela sans doute, qu'à la prière qu'il m'avait adressée de lui signaler les hommes à décorer, j'avais répondu d'abord par la lettre que voici :

Mon cher colonel,

Après avoir lu et comparé les rapports de mes capitaines, recueilli l'opinion de chaque compagnie et consulté mes propres souvenirs, j'ai acquis la certitude que le deuxième bataillon, dont j'ai l'honneur d'être le chef, a su partout et toujours, pendant les funestes journées de juin , faire bravement son devoir. Placé sur la lisière même du terrain occupé par l'insurrection , il en a arrêté les progrès par son attitude ferme, tantôt défensive, tantôt aggressive. Mais je déclare n'avoir rien trouvé soit dans les faits qui m'ont été signalés, soit dans ceux dont j'ai été témoin , qui dépassât les bornes du devoir tel que nous l'entendons. C'est vous dire, mon colonel, que personne d'entre nous ne croit avoir mérité la décoration ; mais si je n'ai point de héros à vous présenter, j'ai, mon colonel, bien des positions dignes d'intérêt à vous signaler. J'ai vu bien des existences précieuses tranchées , bien des familles plongées du même coup dans le deuil et dans la misère! Permettez-moi , mon colonel, d'appeler sur ces nobles infortunes toute la sollicitude de la République, et de ne voir, dans l'affreuse guerre civile d'où nous sortons, que les victimes qu'elle a faites : elles sont nombreuses.

   Agréez, mon colonel, etc.

Quoi qu'il en soit, la commission d'enquête, en provoquant ma déposition et celles de mes collègues, a réparé en partie cet oubli. Malheureusement le travail de cette commission ne brille point par l'exactitude, et j'ai dû, à l'époque où le général Cavaignac eut à se défendre à la tribune contre d'indignes accusations, envoyer au président de l'Assemblée nationale ma déposition rétablie. La voici avec la lettre d'envoi qui l'accompagnait. Cette pièce, messieurs, est un document précieux pour l'histoire.

               Paris, 23 novembre 1848.
   Monsieur le président,

Un grave débat va s'ouvrir devant l'assemblée nationale. Les faits consignés dans le Recueil des pièces publiées par la commission d'enquête seront sans doute invoqués et commentés. Il importe par conséquent que les dépositions qui peuvent jeter quelque jour sur le rôle et l'attitude des principaux personnages intéressés dans le débat soient connues autrement que par une analyse nécessairement très-sommaire, très-décousue, et renfermant inévitablement de fréquentes erreurs de chiffres, de dates et de noms propres. Je croirais, pour ma part, manquer à mon devoir d'honnête homme et de citoyen, si, dans des circonstances aussi critiques , je souffrais que de mon témoignage , inexactement et incomplétement reproduit , on pût faire un argument pour ou contre tel ou tel personnage politique. Il faut que la lumière se fasse ; mais il faut que cette lumière soit l'éclat de la vérité, non une lueur factice et trompeuse. En conséquence , je vous envoie sous ce pli , monsieur le président, le récit détaillé de tous les faits qui sont à ma connaissance personnelle, et dont j'affirme sur l'honneur la parfaite exactitude.

   Agréez, etc.

Déposition du citoyen **THEIL** , commandant de la **11ᵉ** légion.

Le jeudi 22 juin , j'ai vu, le soir, sur la place du Panthéon , environ 4,000 personnes fort animées qui conspiraient ouvertement et annonçaient pour le lendemain matin, à six heures, une attaque générale. Le copiste des notes de la commission d'enquête me fait dire 40,000. C'est un zéro de plus. On sait quel parti la Presse tire de ce zéro, tout incroyable qu'il est.

Le vendredi 23, à sept heures du matin, un rassemblement considérable stationnait sur cette même place du Panthéon, rendez-vous de l'insurrection. Voyant une bande de gamins, détachée de la foule, poursuivre à coups de pierres un citoyen inoffensif, le peintre Savignac, l'indignation me saisit, et ne trouvant au corps de garde de la place Saint-Michel que six ou sept mobiles, je résolus d'aller me plaindre à la commission exécutive de cette absence totale de dispositions militaires dans un quartier notoirement menacé. Chemin faisant, je rencontrai trois de mes collègues, les chefs de bataillon Cottu, Renaud et *Masson* (le copiste a lu *Garantier*); je les priai de se joindre à moi : ils me suivirent. Sur l'escalier nous trouvâmes M. Recurt qui redescendait, n'ayant trouvé personne à qui parler, et qui était venu, nous dit-il, pour le même objet que nous. Il partit. Quant à nous, ayant appris que M. Arago était au Luxembourg , mais couché , nous insistâmes très-énergiquement pour le voir. Il nous reçut. Son lit était couvert de journaux et de papiers. Je lui exposai ce que je venais de voir ; je lui peignis la situation du quartier. Je qualifiai sévèrement cette incurie de l'autorité ; je prononçai les mots de *connivence*, de *trahison*, qui étaient, dis-je, dans toutes les bouches, et commençaient à venir sur les lèvres des gardes nationaux. Je représentai la nécessité de faire taire enfin ces bruits, sans doute calomnieux, par une conduite nette et sans équivoque. Pour premier gage de dévouement à la cause de l'ordre, nous demandâmes l'autorisation de faire sur-le-champ battre le rappel et au besoin la générale. L'attitude de M. Arago avait été jusque-là celle de l'étonnement ; il ne paraissait pas croire à la réalité ou du moins à la gravité du danger. Nous l'avions trouvé couché lisant très-paisiblement ses journaux ou ses dépêches. Tout cela ne se peut expliquer que par une parfaite sécurité. Notre demande l'embarrassa visiblement. Il paraissait craindre de se compromettre en accordant l'autorisation demandée ; mais nos instances étaient vives, il accorda verbalement ; nous voulions, nous, l'autorisation écrite, et pour cause. Écrite, il ne pouvait : il n'y avait là ni plume, ni encre, ni papier, et, bien que le colonel Anfrye, qui nous avait accompagnés , espérât trouver aisément tout ce matériel, M. Arago éluda. Il préféra, sur mon invitation, se lever et venir s'assurer par ses yeux de l'état des choses. Nous sortîmes alors et allâmes faire battre le rappel. — Une demi-heure après, M. Arago était levé et en tournée. La commission d'enquête me fait dire que M. Arago déploya le *lendemain* une grande énergie. Lisez : *Ce jour-là même, et dès le matin.* J'ai eu l'honneur de le déterminer à marcher à notre tête contre l'émeute ; je l'ai conduit, au milieu des acclamations de la foule, à la barricade de la rue Soufflot, à celle de la rue des Mathurins-Saint-Jacques ; j'étais près de lui quand il parlementait avec les insurgés, j'ai été avec lui le soir chercher l'artillerie du Luxembourg ; je l'ai entendu, la voix pleine d'émotion et les yeux mouillés de larmes, ordonner le feu, en recommandant, au nom du ciel, de *tirer au pied de la barricade,* et je dois dire que, dans toutes ces circonstances, il a été admirable de sang-froid, de patience, de fermeté, de compassion et enfin de désespoir. Sa vie a été plusieurs fois en danger, notamment à la barricade de la rue Soufflot, où un enfant dirigea contre lui un pistolet qu'une main vigoureuse détourna heureusement.

Le rappel n'ayant rien ou presque rien produit la première fois, il fallait le faire battre une seconde. Mais notre colonel, M. Quinet, craignait d'engager sa responsabilité. Il voulut un ordre écrit. Je me rendis avec lui au Luxembourg, où, cette fois, la commission exécutive était réunie au grand complet. Tous les ministres étaient présents et plusieurs autres personnes, entre autres M. Cl. Thomas. Le colonel demanda l'ordre écrit, et attendit la réponse. Plusieurs groupes chuchotaient mystérieusement aux angles de la salle. Plusieurs personnages, rangés autour de la longue table (et de ce nombre le général Cavaignac, placé en face de moi), écrivaient, absorbés dans leur travail ; moi, je m'entretenais avec M. Lamartine, qui se tenait debout, les bras croisés sur la poitrine, entre les deux fenêtres, tournant le dos à la console. Je lui répétai avec feu et tout haut ce que j'avais dit le matin à M. Arago ; je demandai qu'on déployât enfin l'activité et l'énergie que réclamaient les circonstances, déclarant que, dans le cas contraire, la garde nationale saurait ce qu'elle aurait à faire. Il faut aujourd'hui, ajoutai-je, du canon et de la mitraille. A ces mots le général Cavaignac leva les yeux, et je crus remarquer un mouvement de tête approbatif; M. Lamartine, à qui j'ai eu le bonheur d'être utile le 25 février, dans un moment fort critique, à l'hôtel de ville, m'avait reconnu. Il me répondit : *Oui, il faut en finir ; je ne demande pas autre chose et aujourd'hui j'irai, soyez-en sûr, combattre, et, s'il le faut, mourir à vos côtés.*

Cependant M. Quinet attendait toujours son ordre. Comme il insistait au milieu de cette réunion distraite où personne ne l'écoutait, M. Garnier-Pagès, personnellement interpellé au moment où il se dirigeait vers la porte, et visiblement importuné de ces instances, fit un geste très-prononcé de mauvaise humeur, et dit à M. Barthélemy Saint-Hilaire : « *Saint-Hilaire, monsieur veut absolument un ordre écrit pour battre le rappel ; préparez-le.* » L'ordre préparé fut signé, je ne sais par qui (par M. Marie, si je ne me trompe), et nous partîmes.

A dix heures et demie, un ordre signé Clément Thomas enjoignit au colonel de porter mille hommes de la légion à l'Assemblée nationale. Cet ordre, qui se rattachait sans doute à un plan général, me parut étrange. Quitter le quartier au moment où de toutes parts on construisait des barricades me paraissait une haute imprudence, et, pour mon compte, je ne l'aurais exécuté pour rien au monde. Le colonel, esclave de la consigne, réunit le plus de gardes nationaux qu'il put et partit ; moi, j'avais couru au Luxembourg pour signaler le péril de la situation. Je rencontrai, dans la grande cour du Luxembourg, M. Arago, qui se rendait à l'Assemblée. Instruit de ce qui se passait : *Nom de D....! s'écria-t-il, en frappant du pied la terre, qui peut donner de pareils ordres? Courez, arrêtez-les !* » Je courus et trouvai la colonne arrêtée sur la place Saint-Sulpice, plusieurs des commandants ne voulant pas, dans un moment si critique, abandonner le quartier. Le colonel, avant de consentir au mouvement rétrograde ordonné par M. Arago, voulut en référer à la commission. Nous le suivîmes plusieurs au Luxembourg. M. Garnier-Pagès y était seul alors. Consulté, il répondit qu'il fallait exécuter l'ordre et se rendre à l'Assemblée. Le commandant Rousseau lui objecta que de tous côtés on élevait des barricades : « *Les barricades ! les barricades !* s'écria-t-il, *que cela ne vous inquiète pas. Les barricades, on les défera comme on les aura faites !* » — *Monsieur,* répliqua le commandant Rousseau, *vous serez responsable des événements.* » — «*Oui, oui, soyez tranquille ; d'ailleurs je reçois à l'instant la nouvelle que le général Cavaignac vient d'être investi du commandement supérieur de toutes les forces militaires ; il a son plan, qui est de masser toutes les troupes autour de l'Assemblée pour les faire de là rayonner partout où besoin sera. Il ne veut point les disséminer, et il a raison.*

Cette réponse de M. Garnier-Pagès rappelle naturellement celle que le même jour M. *Pagnerre* fit au directeur de l'École normale, venant offrir au gouvernement le concours des élèves : *Retournez, messieurs, retournez à votre école, et livrez-vous paisiblement à vos travaux. Ce ne sera rien.* »

Le colloque en était là avec M. Garnier-Pagès, lorsque arriva un officier d'état-major, M. Delmas, aujourd'hui aide de camp du général Lamoricière, qui cherchait le colonel Anfrye, et, le trouvant avec nous, lui transmit l'ordre d'envoyer sur-le-champ deux bataillons à l'Assemblée. Le colonel demeurait immobile, regardant M. Pagès. Pressé d'avoir la réponse, l'officier lui dit : *Songez, colonel, qu'il y va pour vous du conseil de guerre.* » Alors M. Garnier-Pagès, qu'interrogeait toujours le regard inquiet du colonel, lui dit : « *Envoyez deux bataillons de mobiles.* » Celui-ci s'inclina et partit. Pressé de nouveau par nos instances, M. Garnier-Pagès nous dit alors : *Eh bien! restez ;* il nous autorisa même, sans trop de façon, à faire battre la générale. Le commandant Rousseau lui demandant alors un peloton de troupes de ligne, afin de ne pas exposer aux premiers rangs, dans l'attaque des barricades, des gardes nationaux pour la plupart pères de famille, M. Garnier-Pagès refusa, disant qu'il ne pouvait dégarnir le Luxembourg : « *Ce ne sont que des pierres, dit il , mais si ces pierres étaient au pouvoir de l'insurrection, ce serait d'un pitoyable effet.* » Nous pensâmes, nous, qu'il y avait au Luxembourg mieux que des pierres à garder, puisque M. Garnier-Pagès y était, et nous n'insistâmes pas.

Dans la nuit de vendredi à samedi, à minuit et demi, le général Cavaignac, à cheval, et suivi d'un état-major peu nombreux, vint au carrefour de l'École de médecine où était établi mon bataillon, et demanda le général Damesme dont le quartier général était au musée de Cluny. Celui-ci se trouvait en ce moment avec nous chez le restaurateur Janodet, rue de la Harpe, où il prenait quelque nourriture. Il sortit; le général Cavaignac descendit de cheval et tous deux s'assirent sur un banc devant la boutique de M. Champenois, marchand de vin, au coin de la rue de l'Ecole-de-médecine. Les officiers supérieurs de la 11ᵉ légion qui se trouvaient présents firent le demi-cercle devant eux. Le général Cavaignac s'informa de l'état du quartier, de la position et du nombre des barricades, des forces de l'insurrection et de celles dont nous disposions. Chacun dit ce qu'il savait, et la fusillade qui continuait toujours à l'extrémité de la rue des Mathurins, dans la rue du Foin et dans la rue des Noyers, en disait encore davantage. Le commandant Rousseau lui parla de la barricade de la rue des Sept-Voies, des insurgés retranchés derrière cette barricade, derrière celle de la place Saint-Etienne-du-Mont et dans l'église. « *Mon cher enfant, dit le général Cavaignac au général Damesme, au petit jour je vous enverrai des forces et de l'artillerie. Nous délogerons à tout prix ces gaillards-là, dussions-nous faire sauter avec des pétards et la bibliothèque et l'église. Peut-être viendrai-je moi-même ; cela dépend de l'état des autres quartiers que je vais connaître en les parcourant.* » Cela dit, il serra la main pour la dernière fois à l'infortuné général et partit, enveloppé de son caban, pour continuer sa ronde rapide et silencieuse.

J'ai déposé encore d'un fait grave qui, de l'aveu de M. Odilon Barrot, à qui je l'ai raconté, s'est reproduit sur plusieurs points, et qui prouve jusqu'à l'évidence qu'il y avait ces jours-là des officiers d'état-major travaillant au succès de l'émeute. De tout ce que nous avons vu pendant ces fatales journées, il est résulté pour nous la conviction qu'une vaste trahison existait dans les régions supérieures, je ne saurais dire à quels degrés, et que des agents nombreux faisaient, sous l'uniforme, les affaires de l'insurrection.

Voici le fait signalé par moi : le samedi, vers deux heures ; en cherchant le colonel Anfrye dans le Luxembourg, je m'aperçus qu'une barricade se construisait à l'extrémité de la rue Royer-Collard et que les insurgés paraissaient vouloir cerner cette partie du jardin où leurs prisonniers étaient gardés dans une salle attenante à l'Ecole des mines. J'avais déterminé le colonel à faire monter à cheval un escadron de dragons stationné dans le Luxembourg, afin d'aller empêcher cette barricade. Un officier d'état-major qui arrivait nous assura qu'il serait impossible à la cavalerie de passer par la place Saint-Michel, qui était, disait-il, hérissée de barricades et au pouvoir des insurgés. J'en témoignai mon étonnement, car mon bataillon occupait cette place; mais comme j'arrivais de l'Assemblée nationale où j'étais allé seul demander du renfort, et que j'étais absent depuis une heure et demie, je le crus sur parole. Le fait était complétement faux. La place était libre et toujours occupée par mon monde.

Le 23 novembre 1848.

THEIL.

Ce document, remis par moi à M. Marie, passa des mains de M. Marie dans celles de M. Marrast, puis, je crois, dans celles du général Cavaignac, et enfin dans celles de M. Bauchart, rapporteur de la commission d'enquête, à qui il appartenait d'en contrôler l'exactitude et d'en faire, au besoin, lecture à l'Assemblée. Il ne fut pas lu. Les lecteurs intelligents comprendront pourquoi, et trouveront, sans doute, que le général accusé fut bien généreux.

Quant à mon rôle personnel, vous devez, messieurs, commencer à le comprendre. Peut-être le 23 juin ai-je donné quelque preuve de courage civil, peut-être n'ai-je pas manqué non plus de tout courage militaire. Vous en seriez convaincus si, attentifs aux débats des conseils de guerre, vous aviez appris, par maintes révélations, les périls que j'ai affrontés de ma personne soit en parlementant, soit en combattant aux barricades, notamment à celle de la petite rue de Cluny, où je n'échappai que par une chute providentielle aux coups de fusil tirés sur moi à bout portant. Je pourrais vous parler des balles qui sifflèrent autour de moi dans le jardin du Luxembourg, de celle qui m'effleura le crâne dans la rue Racine, lorsque j'essayai, en ces deux endroits, d'arracher à la fureur des gardes mobiles de malheureux prisonniers dont ils avaient décidé la mort; je pourrais vous parler de la part que j'ai prise, le dimanche 25, sur la prière et aux côtés de l'infortuné général de Bréa, à cette funeste expédition de la barrière de Fontainebleau, où je ne fus séparé du même martyre que par l'intervalle de deux secondes et la longueur d'un demi-pied. Mais à quoi bon insister sur ces particularités ? je ne cherche point ici la réputation d'homme brave : aujourd'hui tout le monde est brave ; je revendique le titre d'homme d'ordre, que j'ai conquis, ces jours-là, par les périls de la rue, comme je crois avoir conquis , sur un autre champ de bataille et par des dangers d'un autre genre , le titre qui ne m'est pas moins cher, d'homme de progrès.

29 juin. — Commandant Masson. — Commandant Laigneau.

Je voudrais détourner mes regards de ces souvenirs de juin : mais un pieux devoir m'arrête. Après les horreurs des combats viennent les tristes scènes des funérailles, et nous touchons au 29 de ce mois, où eurent lieu en même temps les obsèques de deux chefs de bataillon. l'un du 73ᵉ de ligne, l'autre de la 11ᵉ légion, morts le même jour, presque à la même heure, presque aux mêmes barricades. La 11ᵉ légion, obligée de rendre à la fois les derniers devoirs à l'un de ses commandants, M. Masson, enterré au Père-Lachaise, et à un de ses hôtes et frères d'armes, le commandant Laigneau, enterré à Montmartre, se partagea cette double et triste tâche. Un fort détachement de la 11ᵉ légion, sous les ordres du commandant Cottu, conduisit le commandant du 73ᵉ à sa dernière demeure. Je fus chargé des adieux. Voici mes paroles ; je les extrais de *la Démocratie pacifique* , où elles furent insérées.

Citoyens et soldats,

Je viens devant cette tombe acquitter, au nom de la 11ᵉ légion tout entière , la dette de la fraternité , et en mon nom personnel, au nom de plusieurs de mes camarades, la dette de l'amitié. Le brave officier sur qui va se fermer cette tombe est celui-là même avec qui fut scellée. il y a quelques mois, à Paris d'abord, et plus tard à Blois, entre le régiment et la légion, cette union étroite. indissoluble , de la garde nationale et de l'armée. qui a fait , dans les fatales journées que nous venons de traverser, le salut de Paris et de la France.

Hélas ! nous ne pensions point alors que cette alliance fraternelle dût être si tôt scellée une troisième fois par le sang. Mais la Providence a ses desseins. Remercions-la, malgré notre tristesse , d'avoir permis que ceux qui s'étaient déclarés frères se trouvassent réunis, au moment du danger, pour l'affronter ensemble et mourir côte à côte. Remercions la mort elle-même, qui semble. en nous frappant. nous avoir aussi traités en frères. La 11ᵉ légion et le 73ᵉ ont été cruellement éprouvés; de part et d'autre, des victimes d'élite , des victimes nombreuses sont tombées , et nous avons été égaux par le tribut, comme nous l'étions par le dévouement au pays. En effet, messieurs , au moment où je parle , une autre tombe est ouverte; d'autres larmes coulent, dont une part s'adresse à la victime qui est sous nos yeux , comme celles que nous versons ici s'adressent en partie à l'autre martyr qui reçoit ailleurs nos derniers adieux.

Mais ce sont là des douleurs de famille ; sachons les maîtriser ou plutôt confondre notre deuil dans le deuil public, dans la douleur immense qui déchire en ce moment les généreuses entrailles de notre mère commune , la patrie. obligée de pleurer à la fois et sur ses fils égarés , et sur ses enfants fidèles. En présence de tant de désastres. je ne puis que former un vœu : Puisse cette vaste hécatombe, puissent ces milliers de victimes humaines , puissent ces larmes et ce sang qui coulent à flots satisfaire enfin et fléchir le génie du mal et rendre à notre belle patrie le calme et la sérénité dont elle a tant besoin ! Puisse cette sanglante et terrible épreuve être la dernière que la fortune de la France ait à traverser !

Commandant Laigneau, notre ami, notre frère, nous jurons ici, nous jurons tous, non pas de te venger (c'est une vengeance trop amère que celle qui s'exerce sur des frères égarés et même coupables), mais d'imiter ton noble exemple! Oui, si le fléau de la guerre civile doit désoler encore notre pays, on nous verra tous , citoyens et soldats, courir avec le même dévouement. la même abnégation, aux barricades, et présenter nos poitrines aux balles fratricides. Oubliant nos enfants et nos femmes, ou plutôt le cœur plein de ces chères images, nous irons sans hésiter au combat. Car la cause que nous défendons est celle de l'ordre et de la liberté; celle de la famille, de la propriété, de la civilisation. Comme toi, nous saurons mourir ; car nous mourrons avec la certitude consolante de léguer à nos fils une patrie telle que nos cœurs la désirent, avec la certitude de conserver à la France, au prix de notre sang, son nom, sa gloire, sa primauté parmi les nations. Commandant Laigneau, tu as payé ta dette à la patrie ; comme toi , nous sommes prêts à payer la nôtre. Adieu ; ton souvenir vivra dans notre mémoire entouré d'un religieux respect; car tu es mort en bon citoyen et en bon soldat. Adieu , et vive la France! vive la République !

FÊTES

Passons enfin à d'autres images. Vous savez , messieurs, qu'un grand nombre de villes de France, accourues au premier signal de la détresse de Paris, eurent leur part dans la lutte et dans les douleurs de juin. De cette communauté de dévouement et de sacrifices naquit une fraternité plus étroite entre la province et la capitale. Chaque arroudissement eut dès lors ses hôtes, ses frères d'armes particuliers, et il s'établit, malgré les distances, une foule de relations aussi douces qu'utiles.

Parmi les hôtes de prédilection du 11ᵉ arrondissement figurent en première ligne les Calaisiens. Aussi, vers la fin d'octobre, quand les plaies communes furent moins saignantes, la 11ᵉ légion voulut-elle faire une visite à Calais et porter en présent à la garde nationale de cette cité ce que des frères d'armes peuvent s'offrir de plus cher et de plus significatif, un drapeau. Un projet d'excursion à Londres se rattachait à ce voyage. Bien que je n'aie guère de loisirs et d'argent à semer sur les grandes routes, je dus me rendre au vœu de mon bataillon et accepter l'honneur d'être, en cette circonstance, son guide et son interprète.

Voici le compte rendu de cette double expédition, inséré dans *le Bien public* du 30 octobre. L'article est de moi ; il vous donnera, avec les détails de la fête, une idée et de mon rôle et de la manière dont j'apprécie celui des autres.

FÊTE DE CALAIS.

Paris, 27 octobre 1848.

Monsieur le rédacteur,

J'arrive de Calais, le cœur tout ému de la cordiale, gracieuse et large hospitalité que nous y avons reçue, et de la fête magique qui nous a été donnée. Je ne puis résister au plaisir de vous raconter tout cela. De tels récits sont *la bonne nouvelle* de notre époque. Ils reposent l'esprit et le cœur du spectacle affligeant des conflits de la tribune et des luttes acharnées de la presse. Ils dissipent les terreurs dont on a peine à se défendre à l'aspect des nuages qui s'amoncèlent à l'horizon politique ; en un mot, ils rendent à toutes les âmes la confiance et l'espoir.

Samedi soir, de six heures à sept heures et demie, arrivèrent, par trois convois successifs, au débarcadère de Saint-Pierre-lès-Calais, 1,600 Parisiens, dont 1,200 environ appartenant à 11ᵉ légion, le reste aux autres légions et aux divers corps de la garnison parisienne. Tous étaient en uniforme et en armes. Ils allaient offrir à la garde nationale de Calais, si prompte à voler au secours de Paris menacé, un gage de leur affectueuse reconnaissance, un drapeau richement brodé aux armes de Calais et de Paris. Ils furent reçus, au sortir du débarcadère, par la garde nationale de Calais réunie en armes dans la plaine. Un immense cri s'éleva alors vers le ciel : *Vivent nos frères de Paris ! vivent nos frères de Calais !* Le cortége se forme et s'ébranle, et les deux milices réunies, sapeurs, tambours et musique en tête, s'avancent, à la lueur des torches, au milieu des vivats et des cris de joie de toutes les populations du faubourg, jusqu'aux portes de Calais.

Le lendemain, de bonne heure, la ville était sillonnée en tous sens par de longues caravanes qui se rendaient sur le port et sur la jetée, impatientes de voir la mer, spectacle nouveau pour la plupart des Parisiens, généralement peu touristes. Dire l'effet produit par l'aspect de cette immense plaine humide, calme et unie comme une glace le premier jour, et le lendemain soulevée par un vent violent, furieuse, écumante, comme si elle-même se fût complaisamment prêtée à nos plaisirs, je ne l'entreprendrai pas. Ceux qui ont vu la mer s'en rendront compte aisément, et ceux qui ne l'ont point vue ne peuvent s'en faire une idée : qu'ils aillent à Calais. Je renonce également à énumérer les douzaines d'huîtres ouvertes chaque matin par les écaillères du port et consommées en un clin d'œil devant leurs échoppes. Cette prodigieuse consommation ne se peut expliquer que par la nécessité où les Calaisiens avaient mis leurs hôtes de s'ouvrir de bonne heure un insatiable appétit.

Vers dix heures devait avoir lieu l'entrée officielle. Dès neuf heures, toute la députation parisienne était réunie en armes à l'entrée de la ville, où la garde nationale de Calais, accompagnée de toutes les troupes de la garnison, gendarmerie à cheval, infanterie de ligne, brigade de douane, vint les recevoir. M. Ernest Lebeau, maire de Calais, et M. Magin, adjoint au maire du 11ᵉ arrondissement, échangèrent à cette occasion, au nom de Calais et de Paris, d'éloquentes paroles, inspirées par le sentiment profond de la fraternité républicaine et empreintes du plus pur patriotisme.

Après ces discours, accueillis de part et d'autre avec le plus vif enthousiasme, le double cortége se mit en marche et fit son entrée en ville, musique en tête et au son des airs nationaux. Toutes les rues qu'il devait parcourir étaient pavoisées de drapeaux tricolores, jonchées de fleurs, tapissées de feuillage ; ici de vertes guirlandes, là des rubans aux couleurs nationales, ailleurs de magnifiques tentures se balançaient au-dessus de la foule ; des poteaux plantés de distance en distance de chaque côté de la rue, revêtus de guirlandes et ornés de divers écussons, supportaient ce toit flottant, cette longue série de berceaux, avenues parfumées conduisant à des arcs de triomphe. Les bouquets, les couronnes de fleurs, tombaient de toutes les fenêtres sur les gardes nationaux ; les dames agitaient leur mouchoir ; toute la population battait des mains. L'air retentissait alternativement des cris mille fois répétés de *Vivent les Parisiens ! Vive la garde nationale de Paris ! Vive Calais ! Vivent les Calaisiens ! Vive la ligne !* Puis venait une acclamation universelle, un cri d'ensemble : *Vive la République !* qui roulait d'échos en échos et s'élevait vers le ciel tantôt comme un hymne d'actions de grâces, tantôt comme une solennelle et fervente prière du peuple.

Joignez à tous ces bruits d'allégresse le son des cloches en branle , la voix tonnante de l'ar
tillerie du Risban , et vous aurez une idée de la scène par laquelle s'ouvrait la fête...

A une heure , on se remit en marche pour parcourir les rues de la ville qui n'avaient pas
encore été visitées. Pendant tout ce trajet, les mêmes scènes d'allégresse se renouvelèrent.
L'enthousiasme fut au comble lorsque , à la hauteur de la rue de Croy, le clergé vint prendre
place dans les rangs , en avant des autorités civiles et militaires.

De retour sur la place d'Armes , le cortége entoura une seconde fois l'estrade sur laquelle
un autel avait été dressé pour la bénédiction du drapeau. On procéda à cette imposante cérémonie. Le lieutenant Blosse , vénérable vieillard , que sa longue barbe , blanche comme la
neige , et le drapeau qu'il portait , désignaient au respect de la foule , s'avança sur les degrés
de l'estrade et présenta l'étendard aux bénédictions de l'Eglise. Plusieurs discours furent prononcés. M. Buchère , maire du 11e arrondissement, exprima aux Calaisiens , dans une allocution pleine de dignité et d'effusion , la joie qu'il ressentait en confiant à leur patriotisme
éprouvé , au nom de la 11e légion et de la République , ce drapeau destiné à cimenter l'union
fraternelle de Paris et de Calais. Le maire de Calais répondit par quelques paroles chaleureuses,
parfaitement appropriées à la circonstance , et vivement applaudies.

Après lui , M. Pred'homme , curé-doyen de Notre-Dame de Calais, suivi de son clergé, s'a-
vança et lut, d'une voix pleine d'onction, un discours où se confondaient, par la plus heureuse
alliance, les sentiments du chrétien et ceux du citoyen. Cette allocution paternelle produisit
sur toute l'assistance une impression profonde. Après la bénédiction du drapeau par les
mains de ce vénérable prêtre, le clergé entonna le *Te Deum* et le *Domine salvam fac Rem-
publicam* , au bruit des cloches, du carillon et des salves d'artillerie.

M. Guilhem , commandant en chef le détachement de la 11e légion, prit alors la parole, et
remit entre les mains de M. Pierredon, commandant de la garde nationale de Calais, ce drapeau
consacré par la religion. M. Pierredon , en le recevant , répondit au discours de M. Guilhem
par quelques paroles empreintes d'une énergie toute militaire, et d'un dévouement sincère à
la cause de la République , c'est-à-dire à la cause de l'ordre et de la liberté.

Puis vint le tour de M. le commandant Theil, de la 11e légion, qui, au milieu du plus religieux silence , prononça les vers suivants :

> Amis , serrons-nous tous , heureux fils de la France ,
>   Autour de ce noble drapeau !
>   Gage de paix , symbole d'alliance ,
> Il porte dans ses plis tout un monde nouveau.
>
> Longtemps il fut pour nous l'étendard de la guerre ,
>   Emblème de sang et de feu ;
> Longtemps il rappela , pour l'effroi de la terre ,
>   Des batailles l'horrible jeu.
>
> Moins terrible aujourd'hui , jaloux d'une autre gloire ,
>   Il renonce au sanglant laurier ;
> Désormais , pour marquer sa paisible victoire ,
>   Il veut la palme et l'olivier.
>
> Regardez : que lit-on sur l'auguste bannière ?
> Un mot qui par Jésus fut au monde apporté ,
> Un mot qui changera la face de la terre ,
>   Un mot divin : *Fraternité* !
>
> Frères , des jours meilleurs , croyez-moi , vont éclore :
>   Chacun de vous ne vient-il pas de voir
> Les ministres du Christ en saluer l'aurore,
>   Le cœur rempli d'un saint espoir ?
>
> C'est qu'un esprit nouveau s'est levé sur le monde ,
>   Esprit d'amour, de concorde et de paix ;
> Notre France en son sein l'échauffe et le féconde ,
>   Germe heureux d'un sage progrès.
>
> Voyez déjà, voyez cette vive lumière
> Qui monte et brille à l'horizon plus pur,
> Et , près d'illuminer la terre tout entière ,
> Déjà du ciel de France a coloré l'azur.
>
> Pièce à pièce voyez tomber le monde antique ,
>   Et la fraternelle cité
> S'élever lentement du sol évangélique
>   Aux rayons de la liberté.
>
> Salut , noble drapeau , doux gage d'espérance
>   Qu'avec transport reçoit la chrétienté !
> Salut au nom de tous ! car le drapeau de France
>   Est celui de l'humanité.
>
>   VIVE LA FRANCE ! VIVE LA RÉPUBLIQUE !

Ces vers produisirent une vive impression parce qu'ils exprimaient parfaitement le caractère fraternel et religieux de cette solennité. Ils durent aussi une partie de leur effet à une circonstance étrange , qui frappa la foule d'une sorte d'étonnement superstitieux. Au moment où fut prononcée la strophe qui commence par ces mots :

Voyez déjà, voyez cette vive lumière, etc.,

le soleil, se dégageant, comme par enchantement, du voile nébuleux qui l'avait dérobé toute la matinée aux regards, inonda d'une lumière soudaine et l'estrade et l'orateur; un frisson électrique parcourut toute l'assemblée.

Une cérémonie touchante succéda à la bénédiction et à la réception du drapeau. Les autorités civiles, militaires et maritimes, suivies d'un nombreux cortége, se rendirent à l'Hôtel-de-Ville pour assister à l'inauguration de la plaque scellée dans le mur du grand escalier et destinée à perpétuer la mémoire du citoyen Werner, ingénieur des ponts et chaussées, mort à Paris, le 27 juin 1848, en défendant l'ordre et la société.

Jamais scène plus attendrissante n'a succédé aux transports d'une plus vive allégresse. Il faut lire dans *le Journal de Calais* les discours prononcés à cette occasion, et surtout la sublime lettre du père de la victime. De ces deux martyrs, on sait quel est le plus à plaindre ; on ne sait lequel on doit le plus admirer.

Le reste de l'après-midi fut consacré aux joies intimes du foyer et aux largesses de l'hospitalité calaisienne,

Le soir, il y eut bal et concert dans la salle de spectacle. La musique de Calais et celle de la 11e légion rivalisèrent , et ce n'est point un médiocre éloge de dire que cette fois, la province fut digne de Paris. Honneur à la musique de la garde nationale de Calais! Honneur aussi à MM. Kontski, Forestier, Garimond, Boulcourt et Adam, qui, ce jour-là, se surpassèrent!

La deuxième journée de la fête, sans être aussi brillante, a été bien remplie. A sept heures , les paquebots de l'État, chargés de gardes nationaux , sortaient du port pour faire une excursion en rade et donner ainsi à messieurs de Paris un de ces plaisirs qui font époque dans l'existence d'un habitant de la capitale.

A midi, les gardes nationaux de Paris et de Calais , la troupe de ligne , la douane et la marine , entremêlés, confondus , entouraient des tables dressées sur la place et prenaient part à une fraternisation dont la vivacité, l'animation et la franche cordialité ne sortiront jamais de nos souvenirs. Le chœur des *Girondins* dominait le bruit.

Sur l'estrade élevée au milieu de la place, l'état-major réuni prenait part à cette manifestation toute fraternelle. Plusieurs toasts y ont été prononcés; voici ceux que nous avons pu recueillir :

Par M. le maire de Calais : *A nos hôtes de Paris! Aux gardes nationaux de la* 11e *légion et à la République !*

Par le commandant Guilhem : *Aux dames de Calais!*

Par le commandant Cottu : *A la garde nationale de Calais !*

Par le même : *A l'hospitalité calaisienne!*

Par le commandant Theil : *A la fraternité des peuples !*

Par le même : *A la mémoire des victimes de juin, aux citoyens morts pour la cause de l'ordre et de la liberté, et particulièrement au brave citoyen Masson , notre infortuné camarade!*

Tous ces toasts , développés avec le genre d'éloquence qui convenait à chacun , furent accueillis avec transport.

Pour clore dignement cette fête toute poétique, le citoyen Manesson , lieutenant dans la 11e légion, chanta avec une verve et un entrain communicatifs, trois couplets composés par lui pour la circonstance.

A quatre heures, un concert a été donné sur l'estrade de la place d'Armes par les deux musiques réunies. Toute la population de Calais était accourue, avide d'entretenir son enthousiasme par les mâles accents de la musique militaire.

Le soir, un bal splendide réunissait, dans l'élégante salle de la Société philharmonique, tout ce que Calais renferme de jolies femmes, c'est-à-dire qu'il y avait foule. On a dansé jusqu'à l'aube.

Je voudrais, mon cher rédacteur, vous parler d'une visite faite au Courgain, quartier maritime de Calais , par le commandant Guilhem, suivi de quelques officiers de la 11e légion ; il y aurait de curieuses études à faire sur les mœurs de cette intéressante et pittoresque population.

Je voudrais surtout vous parler de ce fameux voyage à Londres qui donne lieu à tant de commentaires ; mais l'espace me manque, et ici l'historien doit se souvenir qu'il n'est que journaliste. Je vous dirai seulement, sur ce dernier point, qu'aucune députation n'a été envoyée par la 11e légion aux hôtes de Claremont. Voici ce qui a pu donner lieu à cette fable : Quelques anciens serviteurs de la maison d'Orléans , désirant vivement revoir leurs anciens maîtres , et trouvant l'occasion bonne pour faire cette visite à peu de frais , ont emprunté des uniformes de gardes nationaux, se sont procuré des billets et sont partis avec nous, profitant de la réduction de prix qui nous était accordée sur les chemins de fer français et anglais. Respectons cet innocent stratagème de la reconnaissance privée, et laissons les ennemis de la République transformer un acte, hélas! trop rare de piété domestique et de fidélité au malheur en une protestation contre la forme de gouvernement que la France s'est donnée.

Je termine en vous disant qu'à notre départ, nous avons été accompagnés jusqu'à l'embarcadère, c'est-à-dire à une demi-lieue, par la garde nationale de Calais, musique en tête, et par toute la population. Cet immense cortége, marchant à la lueur des torches, chantant les airs nationaux, salué sur son passage par mille cris d'enthousiasme, echangeant enfin de tendres adieux et poursuivi jusque dans les wagons par les vivats de ses hôtes, a laissé dans mon âme une impression que rien n'effacera. Je me souviendrai toute ma vie de l'hospitalité calaisienne.

Je m'abstiens, messieurs, de toute réflexion. A vous seuls appartient le droit de commentaire.

Puisque j'ai dû rappeler ici les souvenirs de Calais, permettez, messieurs, que je les complète, en joignant à ma poésie officielle quelques modestes couplets composés sur la jetée du port, sous l'inspiration du spectacle qui s'offrait à mes yeux. Voulant laisser à mon excellent hôte, M. Gageot, lieutenant-colonel du génie, un gage de ma reconnaissance pour tous les bons soins qui m'étaient prodigués dans son aimable famille, je composai cette barcarole. Faible hommage assurément! Mais je suis loin de croire ma dette payée.

LE FRANC PÊCHEUR.

Barcarole calaisienne,

Qu'un autre se plaise à terre,
Au sein d'un repos prudent,
Moi, pêcheur, j'ai, pour carrière,
Choisi l'humide élément.
J'aime d'un pied téméraire
Fouler ce terrain mouvant,
Et, dans ma barque légère,
Braver les fureurs du vent.

 Entendez la lame
 Qui fait frémir l'âme
 De son bruit aigu;
 Voyez sous ma rame
 Fuir le flot vaincu!

Qu'un pâtre pusillanime
Presse un gazon paresseux;
Moi, je veux pendre à la cime
Du flot qui s'élance aux cieux;
J'aime à descendre en l'abîme
Pour remonter radieux,
Et lui ravir sa victime
Par l'effort d'un bras nerveux.

 Entendez la lame, etc

Pour l'habitant du rivage,
Le bonheur, c'est un ciel pur;
Pour moi, c'est un long nuage
Chargé d'un lugubre azur.
C'est l'éclair, d'heureux présage,
Déchirant ce voile obscur!
Fi du bord où, sans naufrage,
L'homme vit tranquille et sûr!

 Entendez la lame, etc.

Aucuns vantent l'Italie,
L'Espagne au ciel toujours beau;
Moi, je n'ai qu'une patrie,
C'est la mer, c'est mon bateau,
Où je brave la furie
Du vent, du ciel et de l'eau.
On ne goûte bien la vie
Que sur le seuil du tombeau.

 Si, malgré ma rame,
 Quelque jour la lame
 M'emporte vaincu,
 Qu'importe à mon âme?
 Elle aura vécu.

14 novembre.

BANQUET AUX CALAISIENS DANS LES TUILERIES.

Cette visite des Parisiens à Calais et à Londres devait leur être rendue et nous eûmes à recevoir à notre tour, mais à quelques mois d'intervalle, une double députation de Calaisiens et d'Anglais. Aux uns et aux autres nous offrîmes un banquet. Celui des Calaisiens eut lieu aux Tuileries dans le salon de Diane, mis galamment à notre disposition par l'administrateur, avec l'agrément de M. le général Changarnier et du ministre de l'intérieur. Au nombre des convives étaient une dizaine d'officiers du 73e et quelques habitants de Blois; de sorte que la 11e légion se trouvait tout à fait en famille. Au milieu de l'épanchement général, je dus prendre la parole à mon tour. Voici mon toast :

Ne buvez jamais sans cause,
Mes amis! j'ai constaté
Qu'il faut boire à quelque chose
Pour boire avec volupté.

Partant, ici je propose
Que, tout frein mis de côté,
Chacun, quadruplant la dose,
Boive à la *Fraternité*.

Mais, pour que la soif s'aiguise
Et réponde à notre objet,
Permettez que je vous dise
Quelques mots sur le sujet.

Pour guider dans sa carrière
Notre pauvre humanité,
Le Passé sur sa bannière
Avait écrit : *Charité*.

Aimez-vous les uns les autres,
Aidez-vous, vivez en paix,
C'était le cri des apôtres.
Il fut traduit en bienfaits.

Mais notre âge en l'Évangile
A su trouver mieux encor :
Il nous dit, changeant de style :
Fraternisez ! Un mot d'or.

La langue n'a pas de terme
Plus expressif, plus divin :
Bien compris, ce mot renferme
En lui tout le code humain.

On dit tout quand on dit FRÈRE :
Mon frère, c'est mon égal.
Comment pourrais-je lui faire
Ou lui vouloir quelque mal ?

Pour l'aimer comme moi-même,
Je n'ai plus besoin de loi.
Naturellement je l'aime ;
Etant mon frère, il est moi.

Croyez-moi, ce mot nous ouvre
Un horizon tout nouveau,
Où l'humanité découvre
L'aube d'un destin plus beau.

Les yeux sur la perspective,
Moi, j'avance ; en mon chemin,
Si quelqu'un me dit : Qui vive ?
Je dis : Frère ! et prends sa main.

Arrière la politique,
Homicide obscurité !
Pour moi le mot République
N'a qu'un sens : *Fraternité.*

Saluons la loi nouvelle,
Mes frères, le verre en main !
Que l'amitié fraternelle
Se scelle ici par le vin !

Par le vin… Ah ! je tressaille :
J'oubliais, pacte sacré,
Que, sur un champ de bataille
Par le sang tu fus scellé !

Oh ! descends sur ma patrie,
Divine Fraternité !
Et fais que tout sang s'oublie
Par notre félicité.

Bannis les vœux téméraires !
Fais qu'une sainte Unité,
Dès ce soir nous rende frères
Par l'accord, par la gaîté.

Il faut bien croire, messieurs, que ma poésie, si faible qu'en soit le mérite au point de vue littéraire, répondait au sentiment général, puisqu'à Paris comme à Calais, l'impression en fut votée par acclamation sur la proposition du maire, président-né de la fête. S'il fallait, au surplus, invoquer d'autres témoignages, j'en appellerais à celui de M. le général Changarnier, qui a daigné me faire exprimer sa satisfaction. Voici la lettre que m'a écrite en son nom un de ses aides de camp :

Monsieur,

Le général Changarnier me charge d'avoir l'honneur de vous remercier de l'envoi que vous avez bien voulu lui faire des vers prononcés par vous au banquet du 14 novembre. Ils expriment vos sentiments patriotiques avec un talent dont il se plaît à vous féliciter.

Recevez, etc.

L'aide de camp du général,   J. de CAREY.

C'est là, messieurs, un précieux suffrage et qui ne saurait être suspect. J'ai aussi un compliment analogue de M. le général Perrot.

Franchissons quelques dates auxquelles nous reviendrons, et passons à nos hôtes d'outre-Manche. Voici comment *le Siècle*, qui avait envoyé un de ses rédacteurs à la salle Valentino, rend compte de ce banquet :

12 avril 1849.

BANQUET AUX ANGLAIS.

Le banquet offert à la députation anglaise par un grand nombre de gardes nationaux des légions parisiennes, a eu lieu hier jeudi dans la salle Valentino. L'ordre et la plus franche cordialité avaient fait de cette réunion, présidée par M. Francisque Bouvet, représentant du peuple, une véritable fête de famille. De nombreuses santés proposées à la fin du repas, sont venues imprimer à cette manifestation son véritable caractère. Ces toasts ont été portés successivement par M. Bouvet : « A l'union des peuples ! »

Par le commandant Ségalas, de la 6ᵉ légion : « A nos voisins les Anglais ! »

Par M. Lloyd, président de la députation anglaise : « A l'alliance perpétuelle des peuples anglais et français !

Par le capitaine Froment, de la 7ᵉ légion : « A la fraternité ! »

D'autres toasts : « A l'extinction de la guerre ! A la paix universelle ! A la reine d'Angleterre ! » portés par des gardes nationaux, ont été suivis d'autres proposés par les Anglais : « A la République française ! Au bonheur de la France ! etc. »

Enfin une pièce de vers, adressée à nos hôtes d'outre-Manche par le commandant Theil, de la 11ᵉ légion, et admirablement dite par l'auteur, a excité les plus vifs applaudissements et les plus chauds *hurrah* de l'auditoire.

Mais ce que nous ne saurions rendre, c'est l'effusion avec laquelle tous les vœux ont été exprimés, ce sont les énergiques élans du cœur traduits dans des langues différentes, mais avec des sentiments qui étaient les mêmes ; ces visages amis qui se souriaient sans se connaître ; ces mains qui se cherchaient pour se presser avec émotion. Il faut être là soi-même pour apprécier tout le charme de ces fêtes vraiment fraternelles et s'en souvenir longtemps.

On est heureux de pouvoir opposer à toutes les mauvaises passions qui s'étalent si complaisamment aujourd'hui ces manifestations éclatantes des plus nobles sentiments, qui mettent en lumière les bons et vrais instincts du cœur de l'homme.

À neuf heures, les commissaires du banquet, MM. Ségalas, Froment, Horeau et Lance, ont invité leurs camarades à accompagner leurs hôtes jusqu'à leur hôtel, et dans le trajet on a fait une halte au café Tortoni, où la soirée s'est terminée au milieu des fleurs, du punch, des glaces, et surtout des assurances réciproques de la plus franche cordialité.

Je n'ai qu'une observation à faire sur ce compte rendu : il ne dit pas qu'à un toast porté au président de la République par M. Kennart, je répondis le premier par un toast à la reine Victoria, voulant montrer par là que la fraternité des peuples est indépendante de la forme des gouvernements.

Voici maintenant les vers dont parle *le Siècle*. Je les extrais de *la Patrie* qui voulut bien les insérer le soir même du banquet, afin que les convives anglais qui repartaient le lendemain les pussent emporter.

> Quand la lyre frémit et demande au poëte
>   Ses plus nobles accents,
> La corde ne saurait longtemps rester muette,
> Ni le cœur contenir ses fougueux mouvements.
>
> Récents amis, que ce banquet rassemble ;
> Hôtes qui, réunis en frères sur ces bords,
> Etonnés, mais heureux de vous trouver ensemble,
> Livrez votre âme à de communs transports ;
> Dites-moi, quel pouvoir a produit la merveille
>   De votre intimité ?
>
>   De l'antique hospitalité
>   Est-ce l'esprit qui se réveille
> Et veut que dans vos cœurs profondément sommeille
>   L'héréditaire hostilité ?
>
>   Une voix, douce à votre oreille,
> A-t-elle, murmurant quelque mot enchanté,
> Dissipé tout à coup vos pensers de la veille,
>   Eteint votre rivalité ?
>
> Ou bien votre amitié n'est-elle que la trêve
>   Qui suspend les hostiles vœux,
>   Jusqu'au moment où Mars se lève
>   Pour rouvrir ses terribles jeux ?
>
> Cet éclair de bonheur qui brille dans vos yeux
> N'est-il que le rayon pluvieux qui soulève
>   Un instant le voile des cieux
>   Avant que le nuage crève,
>   Afin de jeter à la grève,
> Comme un adieu, ses dernier feux ?
>
>   Souffrez que ma voix vous éclaire.
> Le poëte souvent dans les conseils divins
> Sait lire et clairement révéler à la terre
>   Le secret des destins.
>
> Je ne sais si le monde, en sa course éternelle
>   Gravitant vers de plus hauts cieux,
> Epanouit aux feux d'une clarté nouvelle
>   Son front plus radieux ;
>
> Si l'essor qui ravit la terrestre atmosphère,
>   Sillonnant un éther plus pur,
> A, dans quelque Océan de subtile lumière
>   Abreuvé son azur ;

Ou si du Dieu vengeur le courroux séculaire
    Enfin va s'apaiser ;
Si le ciel , se penchant, va donner à la terre
    Un fraternel baiser;

Mais la terre a frémi d'une sainte espérance :
Je la vois, attendant l'enfantement nouveau .
Dans des langes d'amour préparer en silence
    Un fortuné berceau.

Oui, j'en atteste ici tous vos cœurs qui palpitent,
L'humanité va naître à des destins plus beaux ,
Et ce n'est pas en vain que dans nos seins s'agitent
    Des transports si nouveaux.

Ah ! sans doute j'entends la tempête qui gronde ,
Le cliquetis du fer, les éclats de l'airain ;
Je vois les pleurs , le sang ruisseler, et le monde
    Souillé d'un holocauste humain.

Mais, tout en gémissant, mon âme se rassure.
Si j'en crois de mon cœur le fatidique augure,
Ces maux sont les derniers que la guerre aura faits.
    Bientôt viendra la douce paix ,
Du monde mutilé refermer la blessure,
Des martyrs sous ses fleurs voiler la sépulture , .
Faire oublier peut-être, à force de bienfaits,
Ces outrages sanglants que reçoit la nature.

Quel garant vous faut-il ? N'avez-vous pas ouï,
A travers le fracas du belliqueux tonnerre ,
        Cet unanime cri
Jeté dans la bataille aux échos de la terre ,
Et par eux aussitôt saintement recueilli :
Frères, plus de combats! maudite soit la guerre!

Ce cri, rien ne le peut étouffer désormais.
Toute l'humanité, confuse et repentie,
Le murmure ; il s'élève , avec même énergie ,
De la pauvre cabane et du riche palais.
Il n'est plus un mortel dont la voix attendrie
Ne dise, détestant la guerre et ses forfaits,
« Que la terre est de tous la commune patrie,
Qu'il y faut vivre en frère et travailler en paix. »

C'est qu'enfin dans nos cœurs la divine semence
        Porte son fruit de charité ;
C'est que les temps sont mûrs ; que sous le ciel commence
        L'ère de la fraternité.
Ouvrons-la : que par nous, chers hôtes, s'inaugure
        L'universel embrassement !
Faisons de ce banquet une Pâque où s'abjure
        L'ancien ressentiment !

Combien notre union pour tous serait féconde !
        Du globe arbitres souverains ,
        Nous pouvons, unissant nos mains,
D'un invincible sceau sceller la paix du monde.

Aujourd'hui, Dieu de paix, jusqu'à toi montera
        Le cri d'amour qui de nos cœurs s'élance !
        Le regard de notre espérance ,
        Tourné vers toi , te touchera !
        Tu hâteras, par ta puissance,
Le jour où ton soleil, plus radieux, luira
Sur la terre arrachée à l'antique souffrance ,
        Où chez les peuples régnera

La concorde avec l'abondance ;
Où, dans leurs cœurs, s'effacera
Même du nom la différence.
Hâte ce jour, Dieu de clémence,
Et de tes fils, quand il viendra,
L'unanime reconnaissance
    Te bénira !

Et vous dont la prière à nos vœux s'associe,
Dont l'âme avec notre âme en ce jour communie,
    Hôtes sacrés, convives saints !
Portez dans vos foyers, par vos mains recueillie
    Et vivante en vos seins,
L'étincelle d'amour, d'humaine sympathie,
    Du contact de nos cœurs jaillie !
    Gardez-la bien ! elle sera
    Le gage heureux de l'alliance
    Qui bientôt, j'en ai l'espérance,
    D'un nœud sacré nous unira.
    Des mers qu'importe la distance ?
    Pour la combler, le cœur est là.

Ayez, Anglais, toujours du beau séjour de France
    Au cœur la douce souvenance
    Quand vers nos côtes cinglera
    Le vaisseau qui ramènera
    Dans nos cités votre présence,
    Sur le flot qui le portera
    Notre œil tendu longtemps d'avance
        Le cherchera.
    Revenez donc ; toujours en France
    L'Anglais, gardez-en l'assurance,
    Chez des frères se trouvera.   Napoléon THEIL.

Dirai-je qu'une copie autographe de ces vers m'a été demandée pour être envoyée au lord-maire de Londres ; que M. Kennart, un des présidents du banquet, les a fait traduire en anglais, vers pour vers, et a eu la galanterie de m'envoyer un exemplaire manuscrit de cette traduction ?

Reprenons l'ordre chronologique un instant interrompu.

10 décembre.

Bien que je ne doive compte qu'à ma conscience de mon vote dans l'élection du 10 décembre, je tiens à ne pas garder le silence sur ce point. Je n'ai pas voté pour L. Bonaparte ; j'ai même fait ce que j'ai pu pour diminuer les chances de son élection ; et plus d'un m'a vu soutenir, à mes risques et périls , dans des groupes fort exaltés , la candidature du général Cavaignac. Et cependant, que devais-je au général Cavaignac ? qu'avait-il fait pour moi, dont il n'ignorait point les services ? Rien. Mais je croyais, en âme et conscience, la présidence du général meilleure pour le pays que celle de L. Bonaparte, et j'ai voté selon ma conscience. Après l'élection j'ai cru devoir, sans rien dissimuler de ce que j'avais fait , aller, comme tout le monde , et par respect pour le principe, rendre hommage à l'élu de la nation.

24 décembre.

Louis Bonaparte venait d'être nommé, par six millions de voix, président de la République ; et il allait inaugurer, par une grande revue de la garde nationale et de l'armée, la prise de possession du pouvoir exécutif. Cette solennité devait être belle ; car tout le monde était unanime, et les dissidents de la veille, s'inclinant avec respect devant le suffrage universel , s'apprêtaient à saluer cordialement, sans arrière-pensée , l'élu de la France. Cette heureuse unanimité faillit être troublée par un excès de prudence. La veille de la revue, il fut officiellement recommandé à la garde nationale (j'ignore la consigne de l'armée) de s'abstenir, le lendemain , de toute espèce de cri. Il ne fallait crier, disait-on, ni vive la République, ni vive le président. Je comprends les craintes de l'autorité. Un cri en provoque un autre, et à des cris très-légitimes pouvait répondre un cri inconstitutionnel, par exemple, vive l'empereur ! Cela sans doute eût été fâcheux , et je m'associe à l'honorable scrupule , au noble sentiment de pudeur nationale qui a dicté cet ordre du jour ; mais n'était-il pas à craindre aussi que, dans le cas d'un absolu mutisme, quelqu'un de ces hommes qui ont la manie de tout interpréter (et ces hommes ne sont pas rares autour des princes) ne vînt dire au président : Prince, vous voyez bien que le peuple, en France, ne veut pas de la République. On n'a pas entendu à la revue un seul cri exprimant sa sympathie pour cette forme de gouvernement. Le prince , qui a du jugement et qui est observateur, n'eût pas manqué d'objecter qu'on n'avait pas non plus crié vive le président. Mais les gens dont je parle ont réponse à tout ; ils eussent répliqué : C'est tout simple ; qui ne veut pas de République ne veut pas de président. Que serait-il advenu, si le prince, qui est logicien, eût tiré à part lui la conclusion : donc on veut un empereur ? C'eût été bien pire que si quelques amateurs isolés, perdus au milieu d'une foule immense, eussent, à leurs risques et périls, crié : vive l'empereur ! Évidemment, l'auteur de la consigne n'avait pas bien réfléchi. Pour éviter Charybde, il tombait dans Scylla. Et puis, qu'est-ce qu'une fête où on ne crie pas? Le peuple en général, et celui de Paris en particulier, n'est point accoutumé à rester muet les jours de grande solennité. Quand il se tait, c'est qu'il a une leçon à donner; il y a longtemps qu'on l'a dit : « Le silence du peuple est la leçon des rois, » et sans doute aussi des présidents de République. Pourquoi donner une leçon à qui ne la mérite pas? —Toutes ces considérations, messieurs, me frappèrent à la fois. Aussi, je vous le confesse, je m'insurgeai ouvertement contre cette malencontreuse consigne. Tout le corps des capitaines en fit autant, et le lendemain toute la légion, ou du moins tout mon bataillon, s'appliqua à réjouir, par les cris mille fois répétés de *vive la République! vive le président!* l'oreille encore novice de l'élu du 10 décembre. L'enthousiasme fut si chaud, si communicatif, que l'escorte du président ne put s'en défendre, et que , quand le cortége passa devant notre front, dans le jardin des Tuileries , tout le monde faisant chorus, lanciers, cuirassiers, état-major, il fallut au président et à M. le général Changarnier tout le sentiment de leur dignité pour ne point mêler leur voix à ce concert. Encore n'affirmerais-je point que l'entraînement de l'exemple et la puissance des sympathies n'aient triomphé en ce moment de la consigne et du respect humain. A la bonne heure! C'est ainsi qu'il fallait saluer l'élu de la France , l'héritier d'un nom qui nous sera deux fois cher ; car il se liait déjà étroitement au souvenir de la gloire nationale, et il se liera désormais d'une façon non moins intime au berceau de la liberté.

29 janvier.

Voilà encore une de ces dates dont le souvenir doit être pénible à la garde nationale ; car elle rappelle toutes les perplexités qui naissent d'une situation fausse et d'une douloureuse incertitude. D'une part, le bruit circulait qu'une formidable insurrection populaire allait éclater, et l'imagination de plusieurs était troublée par le spectre pour ainsi dire évoqué des journées de juin; de l'autre, une sourde rumeur attribuait au pouvoir l'intention de faire un coup d'État contre l'Assemblée nationale. Les uns voyaient le danger en bas, les autres l'attendaient d'en haut; chacun, sans doute, avait ses raisons. Moi, tout aussi étranger aux mystères politiques des hautes régions qu'aux trames secrètes des conspirateurs de club, je n'avais qu'une opinion, et je la disais tout haut : c'est que, de quelque part que vînt le péril, il n'y aurait jamais qu'un intérêt menacé, la loi, c'està-dire l'ordre, que la garde nationale a été instituée pour défendre envers et contre tous. Ce fut aussi, je crois, l'avis de mon bataillon.

Quelques documents qui ont leur valeur.

Je pourrais, messieurs, revenant aux documents imprimés ou manuscrits, multiplier à l'infini les preuves de l'esprit qui m'anime ; je pourrais vous transcrire ici des toasts à la paix, à l'union, à la famille, prononcés, au milieu des marques de la plus vive sympathie, dans divers banquets où l'on m'avait fait l'honneur de m'inviter, notamment dans ceux que la 8ᵉ compagnie de mon bataillon renouvelle de temps en temps pour cimenter la touchante union de ses membres; je pourrais mettre sous vos yeux des discours prononcés sur des tombes et empreints de cet esprit mélancolique et religieux que ce qui se passe autour de nous inspire plus ou moins à tout le monde, et qui n'est jamais plus vif que sur le bord d'une fosse ouverte ; mais je ne veux point augmenter le bagage, déjà considérable, que j'ai été forcé d'étaler sous vos yeux. Grâce toutefois pour quelques mots prononcés le 5 juin 1849, au cimetière du Mont-Parnasse, sur la tombe d'un de mes lieutenants, et qui empruntent à cette date une certaine valeur.

Chers camarades ,

Voici encore une tombe qui s'ouvre pour se refermer sur un de nos frères. La mort, depuis quelque temps, fait de cruels ravages dans nos rangs, et la soudaineté de ses coups les rend plus douloureux encore. Il est triste de voir ainsi moissonnés ceux qu'on a vus la veille pleins de force et de santé, dans toute la vigueur de l'âge et qui semblaient avoir devant eux une longue carrière à parcourir. Cela est plus triste encore, quand les victimes frappées étaient de bons et braves citoyens, pleins du sentiment de l'honneur et de l'amour du devoir. Le lieutenant Morel était de ce nombre : ancien brigadier de hussards, il avait noblement payé sa dette à la patrie ; rentré dans la vie civile, il y exerçait honorablement une profession modeste et se voyait entouré de l'estime et de l'affection de tous ceux qui le connaissaient. Dans ces funestes journées où la patrie eut à pleurer sur tant de malheureuses victimes des dissensions civiles, nous l'avons tous vu accomplir avec intrépidité le pénible devoir imposé à la garde nationale. Mais écartons ces cruelles images, ou plutôt que ce souvenir adoucisse l'amertume de nos regrets. Il est des époques dans la vie des peuples où la mort peut être considérée comme une faveur du ciel, comme un présent de la fortune. Après les tristes scènes que nous avons vues, au milieu des difficultés du présent, en face d'un avenir chargé de nuages, ceux-là sont peut-être moins à plaindre qui s'en vont que ceux qui restent, et je ne sais si ce sont des regrets ou des félicitations que nous devons répandre sur cette tombe. Quoi qu'il en soit, adieu, Morel ; adieu, brave et digne camarade. Ne sois point inquiet de ta veuve, il lui reste une famille ; cette compagnie, ces frères d'armes qui te rendent ici les derniers devoirs ne l'oublieront pas. Adieu donc, brave Morel. Repose en paix dans le sein DE DIEU, notre père.

Ces citations, messieurs, doivent suffire à vous démontrer que la propagande que j'ai l'habitude de faire, comme chef de corps, n'est pas bien dangereuse, qu'elle ne ressemble guère à des déclamations d'anarchiste et de boute-feu, et qu'elle indique plutôt, à ce qu'il me semble, un sincère, un ardent ami de la paix et de l'ordre. Mais, tenez, on ne prouve jamais trop, et je veux achever de vous convaincre, au cas qu'il vous reste quelques doutes. Vous m'avez vu jusqu'ici prêchant, en vrai prédicateur, dans les occasions solennelles et devant de grandes assemblées, ce qu'il est toujours bon de prêcher en pareille circonstance, je veux dire l'horreur de la guerre, l'esprit de paix, de charité, de fraternité. Vous allez me voir maintenant, conciliateur discret, intervenir à petit bruit dans les démêlés intérieurs de notre pauvre légion, qui est bien changée depuis février, et par une *initiative* déclarée *généreuse* par des adversaires, ramener dans nos rangs troublés sinon la concorde et la sympathie d'autrefois, du moins le calme et la paix. La lettre suivante, insérée dans *la Patrie* du 10 mars 1849, vous initiera aux détails et de la querelle et de la pacification.

AFFAIRE FORESTIER.

Nous recevons de l'honorable commandant Theil la lettre suivante. Nous nous empressons d'autant plus de l'accueillir, qu'elle nous paraît devoir terminer honorablement le débat qui s'était élevé dans la 11ᵉ légion.

Monsieur le rédacteur,

Je regrette d'avoir à intervenir dans une polémique engagée entre des collègues et des frères d'armes ; mais on invoque mon témoignage, on en appelle à ma loyauté ; j'obéis. Puisse la vérité, que je vais exposer tout entière, dissiper d'injustes préventions, et clore enfin un débat qui n'a pas de motif sérieux.

Voici les faits : Un comité s'était formé dans la 6ᵉ légion, dans le but d'offrir une épée d'honneur au colonel Forestier. M. Pascal, notre lieutenant-colonel, voulut provoquer, dans la 11ᵉ légion, la formation d'un comité semblable. A cet effet, il invita les officiers supérieurs, ainsi que plusieurs autres officiers et gardes nationaux, à se réunir à l'état-major. M. Pascal , je dois le déclarer ici, n'eut pas un seul instant la pensée de donner à cette réunion un caractère officiel. Lui-même, à l'ouverture de la séance, eut soin de nous en prévenir.

Malheureusement, le lieu du rendez-vous et la forme de la convocation pouvaient donner le change. Une erreur de rédaction dans un article de journal vint corroborer ces premières apparences. Une *l* mise pour un *d*, dans l'annonce de la souscription, présentait la 11ᵉ légion comme unanime. De là, protestation de la part d'un grand nombre d'officiers et gardes nationaux qui n'acceptaient pas cette solidarité. Tout cela, comme on voit, était parfaitement légitime; souscripteurs et protestants, au fond, étaient dans leur droit. Or, le droit, personne dans la 11e légion ne songe, soit à le contester, soit à en entraver l'exercice. Mais la prévention montre tout sous un faux jour.

De part et d'autre, on s'attribua des arrière-pensées; on s'accusa mutuellement de mauvaise foi. L'animation bientôt devint telle qu'il y eut à craindre pour la paix de la légion. Comme, à mes yeux, l'union est le premier besoin, l'intérêt le plus grave du temps où nous vivons, je crus devoir, en présence de la fermentation croissante, faire un appel à la concorde. Voici les conclusions de cet appel :

« Oui, chers collègues, pacifions, n'irritons pas. Plaçons, autant qu'il est en nous, la République de février sous ses véritables auspices; édifions-la sous l'invocation de la concorde; faisons en sorte, en un mot, que la fraternité ne soit pas seulement un nom inscrit au frontispice de nos monuments, mais une réalité vivante dans nos cœurs.

» Je propose donc que chacun de nous, conservant dans le sanctuaire intime de sa conscience ses opinions et ses sympathies personnelles, en sacrifie l'expression publique à l'intérêt supérieur de la bonne entente et de la paix; je propose de plus que le montant des souscriptions recueillies ou à recueillir soit consacré, avec l'assentiment des souscripteurs, à un acte de bienfaisance. Tout le monde ainsi sera content : les pauvres que nous aurons soulagés, la légion revenue à son calme et à ses sentiments habituels, enfin, et plus que personne, les destinataires des épées d'honneur qui, devenus l'occasion d'une bonne œuvre, non d'une scission fâcheuse, croiront, n'en doutez pas avoir plus gagné que perdu. »

Muni de cette pièce, je me présentai chez mes collègues; j'exposai à chacun d'eux la gravité de la situation et la nécessité d'arrêter le mal. J'eus le bonheur de voir les plus résolus, les plus irrités, se rendre à mes raisons, et, après plus ou moins d'objections, signer ce traité de paix.

Un honorable scrupule, dont l'honneur appartient à nos deux colonels, a tout perdu. Avant de porter à la *Patrie* la nouvelle de cette heureuse pacification, on jugea convenable de voir le colonel Forestier, et d'obtenir son assentiment. M. Pascal et moi nous nous rendîmes auprès de lui. Voici ce qu'il nous répondit :

« Messieurs, je déplore comme vous la scission qui a éclaté dans votre légion, et je m'associe de grand cœur, comme homme, comme citoyen, à la pensée de conciliation qui vous anime; mais vous me demandez de ratifier comme colonel l'acte de votre pacification : je ne me reconnais pas ce droit; comme colonel, je ne m'appartiens pas; mon injure est l'injure de la garde nationale. Ce n'est pas à moi, Forestier, que s'adresse l'hommage ou plutôt la réparation dont il s'agit: c'est à l'épaulette que je porte. Je n'ai pas qualité pour vous délier de ce que vous-mêmes vous avez considéré comme votre devoir. Je ne suis, moi, ajouta-t-il, que le soldat infime d'un principe, d'un parti; et, en matière si grave, je ne puis prendre aucune résolution sans avoir préalablement consulté mes amis. Je vous demande un jour de réflexion. » — Ce langage était noble; nous dûmes déférer au vœu qui nous était exprimé et attendre. M. le colonel Forestier consulta donc ses amis, et la conférence eut pour résultat la lettre signée Forestier, qu'on a lue, le 28 février, dans *le National*, lettre qui a mis, je dois l'avouer, les négociateurs de la 11e légion et le colonel Forestier lui-même dans une situation fausse, en déplaçant l'initiative, en ne tenant aucun compte d'un fait accompli, d'une transaction signée.

MM. Pascal, Monduit et Rousseau m'avaient, il est vrai, dès la veille, et dans l'incertitude du dénoûment à intervenir, redemandé leur signature; mais nos adversaires, étrangers à ces négociations, et qui devaient les ignorer, avaient certainement le droit, dont ils ont usé, d'arguer contre nous d'un traité dont ils ne pouvaient supposer la rupture, et sur la foi duquel ils avaient suspendu toute polémique.

Quant à moi, placé par cet incident inattendu dans une situation très-délicate, lié aux signataires de la souscription, par la communauté des sympathies ; aux adversaires de la manifestation, par le traité conclu, et dont je puis, moins que personne, me considérer comme dégagé ; aux uns et aux autres par un sentiment sincère d'estime et d'affectueuse confraternité ; fidèle, d'ailleurs, à la pensée de paix et d'union qui sera toujours ma plus chère pensée, j'ai dû, en de telles circonstances, m'abstenir de toute démarche contraire à la stricte neutralité.

Obligé d'intervenir aujourd'hui pour rendre hommage à la vérité, je l'ai fait, et mes conclusions sont celles-ci : La scission qui a éclaté dans la 11e légion n'a pas de cause sérieuse. La querelle ne repose que sur des apparences interprétées par la prévention. Quand les prétendus adversaires voudront s'entendre, il leur suffira, j'en suis sûr, de donner un instant audience à leurs sentiments intimes, et à se pénétrer de cette vérité que j'ai plus d'une fois expérimentée et qui ressort d'ailleurs de toute cette affaire : le cœur inspire mieux que la politique.

Veuillez agréer, etc.

Vous le voyez, messieurs, je ne prêche pas seulement, je pratique. C'est plus rare.

Je n'ai plus, messieurs, qu'un document à produire ; mais il doit être décisif et emporter de vive force les convictions les plus rebelles. C'est la profession de foi que j'avais préparée comme candidat aux dernières élections dans le département de la Haute-Vienne. Cette pièce n'a pas été composée pour le besoin de ma cause ; je l'ai lue à Paris et à Limoges même à diverses personnes qui la reconnaîtront. Elle a d'ailleurs été saisie avec d'autres papiers non moins innocents, dans la perquisition faite à mon domicile, il y a deux mois.

Aux électeurs de la Haute-Vienne.

Chers compatriotes,

Aux époques de crise politique ou sociale, c'est la tentation et peut-être la mission des hommes qui se sentent quelque force dans l'intelligence, quelque vigueur dans l'âme, de chercher la lutte et de se mettre au service d'une cause.

Enfant de Limoges, connu de beaucoup d'entre vous, je viens, prêt à descendre dans la lice politique, solliciter de vous un mandat qui me l'ouvre.

La cause que j'y veux servir est la même que j'ai constamment servie par mes écrits et par mes actes, celle du *progrès par l'ordre*, ou plutôt de *l'ordre par le progrès* ; j'entends par ces mots la marche incessante et pacifique de l'humanité dans la voie providentielle qui mène *à la Liberté, à l'Égalité, à la Fraternité*, c'est-à-dire à une société vraiment humaine.

Cette voie est longue ; il faudra plus d'un jour pour la parcourir ; elle est, de plus, semée d'écueils, et il y faut marcher avec prudence. Y courir, c'est tenter l'abîme.

La France, en donnant à son gouvernement la forme républicaine, a dégagé de beaucoup d'entraves sa marche vers ce but ; mais tous les obstacles n'ont pas disparu ; il en reste encore, il en reste qui sont inhérents à l'état actuel des esprits et aux conditions présentes de la société.

Devant ces difficultés qui sont sérieuses, la tâche de l'Assemblée législative sera délicate. Elle aura à ménager les intérêts du présent en servant ceux de l'avenir. Une série de mesures sagement calculées pourra seule satisfaire à cette double nécessité et faire équitablement la part du droit ancien et du droit nouveau. Quelles seront ces mesures ? Je n'ai pas la prétention de le savoir. Sans être étranger aux graves questions qui s'agitent, j'avoue humblement n'avoir point de système tout fait. Peut-être est-ce un avantage. Je ne viens donc pas vous dire : *j'ai trouvé* ; je vous dis simplement : *il faut chercher* ; je chercherai, je chercherai avec une ardeur patiente et consciencieuse.

Mais si je n'ai point d'idées arrêtées sur le détail des mesures à prendre, en revanche je suis invariablement fixé sur le but et sur les moyens généraux. *Réaliser graduellement, pacifiquement, la triple devise de février*, voilà le but ; éclairer, moraliser les masses ; augmenter, autant que possible, la somme de leur bien-être matériel ; réformer profondément le système actuel d'enseignement et d'éducation ; rétablir enfin le plus tôt possible le calme dans les esprits, dans les cœurs et surtout dans la rue : voilà les conditions fondamentales. Tout le reste découle de là ; c'est une affaire de bonne foi, de bon sens, de bonne volonté. — Pour obtenir ces résultats, je mettrai toute mon intelligence, toute mon activité, toute mon âme au service du pays. Quand je dis le pays, j'entends tout le monde, les grands comme les petits, les riches comme les pauvres, tous les intérêts étant nécessairement liés et solidaires. Je ne fais point de catégorie dans la famille française. Tous mes concitoyens me sont également chers ; je tiens compte de tous les droits acquis, de tous les intérêts légitimes, je respecte toutes les opinions sincères, et en général je crois plus à la prévention, à l'erreur, qu'à la méchanceté et au mauvais vouloir. Scinder, comme on le fait, la nation en rouges, bleus et blancs, et fonder sur ces classifications fort arbitraires une gradation dans la fraternité, c'est, selon moi, déchirer le drapeau de la France, où les trois couleurs sont unies et françaises au même titre.

Je me présente donc à vous, le drapeau tricolore à la main. Soldat fidèle et résolu, je le défendrai avec toute l'énergie de mon caractère, laissant au temps, ce grand conciliateur, le soin de fondre les nuances et de décider le ton général. Si vous pensez qu'un autre puisse le porter plus fermement que moi, que celui-là soit votre élu ; je m'en réjouirai, surtout s'il est enfant du pays. Dans le cas contraire, disposez de moi.

Napoléon Theil,
ancien chef d'institution à Limoges, etc.

Voilà, messieurs, dans quelles dispositions d'esprit et de cœur m'a trouvé la journée du 13 juin 1849. Ma conduite, ce jour-là, a été de tout point conforme à mes antécédents. Au premier appel j'ai pris le commandement de mon bataillon. Tous ceux de nos camarades qui ont stationné avec moi depuis midi jusqu'à dix heures du soir sur la place de la Sorbonne, savent quels ont été mes discours et mes actes. Je les livre à leur appréciation. Quant aux accusations portées contre moi et dont l'enquête judiciaire a fait justice, vous approuverez la réserve qui me les fait passer sous silence. Je serais obligé de remonter aux sources et de citer des noms qu'il faut taire, des noms que je ne veux pas savoir.

Il n'est resté de tout cet échafaudage d'inculpations que les faits indiqués dans l'arrêt de suspension prononcé contre moi par le conseil de préfecture. Ces faits sont-ils des griefs sérieux ? c'est à vous d'en juger. Quant à moi, j'en assume de grand cœur la responsabilité.

Voici les considérants de l'arrêt du conseil de préfecture :

Considérant qu'appelé à présenter devant nous, siégeant en conseil de préfecture, ses observations sur les faits qui lui étaient imputés, M. Theil a donné en quelques mots des *observations satisfaisantes*; que dans le mémoire développé dont il a donné lecture, il a protesté de son dévouement à la cause de l'ordre;

Considérant toutefois qu'il est avéré que le matin du 13 juin, dans la cour de la mairie, où se trouvaient alors les gardes nationaux du poste et un détachement de troupes de ligne, il a énoncé à haute voix, à la suite d'altercations avec d'autres citoyens, que la Constitution avait été violée par l'Assemblée législative;

Considérant qu'il est également avéré que le 13 au soir, sur la place Sorbonne, après quelques paroles échangées avec le général Sauboul, il a poussé à la tête de son bataillon, le cri de vive la constitution qui, très-légitime en lui-même, était alors le cri de ralliement de la manifestation organisée contre le gouvernement et contre l'assemblée ;

Considérant qu'en agissant ainsi, M. Theil a méconnu les devoirs d'officier de la garde nationale et de chef de corps, et que sa conduite a été de nature à troubler l'ordre et à ébranler la discipline parmi les gardes nationaux confiés à son commandement ;

Considérant que, d'après ces motifs, il y a lieu de faire application à M. Theil des dispositions de l'art. 61 de la loi du 22 mars 1831 sur la garde nationale,

Avons arrêté ce qui suit :

M. Theil est suspendu pour deux mois des fonctions de chef de bataillon de la 11e légion de la garde nationale de Paris.

Fait en conseil, le 25 août 1849.

Pour le représentant du peuple préfet de la Seine en congé,

Le conseiller de préfecture délégué,

Signé, PONTONNIER.

Pour ampliation,

Le secrétaire général,

CH. MERRUAU.

Je ne ferai sur ces considérants qu'un très-court commentaire : quand, le matin, dans la cour de la mairie, j'ai exprimé l'opinion que la constitution avait été violée, il était huit heures ; la garde nationale n'était pas encore convoquée ; je parlais, simple citoyen, à de simples citoyens qui m'avaient interpellé et demandé mon avis ;—quand, le soir, sur la place Sorbonne, après dix minutes de promenade et de conversation affectueuse avec le général Sauboul, j'ai crié : Vive la Constitution ! je n'étais pas à la tête de mon bataillon ; mon bataillon, conformément aux instructions reçues, était disséminé sur six ou sept points différents, et il n'y avait sur la place Sorbonne qu'une vingtaine de gardes nationaux gardés à vue par tout un bataillon du 61e de ligne ;—quand j'ai crié, je l'ai fait pour régler, par une prudente initiative, une manifestation qui ne pouvait être empêchée et pouvait, abandonnée à elle-même, prendre un caractère plus grave ; je l'ai fait en en demandant la permission au général et en lui serrant la main. Trois jours après, je l'ai revu et il m'en a remercié. — Ces observations que je vous soumets, messieurs, je les ai faites au conseil de préfecture. Ce ne sont pas celles apparemment qu'il a trouvées satisfaisantes, puisqu'il m'a condamné nonobstant. Comme pourtant je n'en ai point fait

d'autres, j'ai de la peine à m'expliquer cette satisfaction. J'y crois néanmoins ; et, malgré l'originalité de la preuve , je tiens ces messieurs pour *satisfaits.* Ils le sont, à coup
sûr, plus que moi.

Voici le texte de ma démission :

Paris, 28 août 1849.

Monsieur le maire ,

Lorsque , le 16 de ce mois, j'allai à la mairie remettre entre vos mains ma démission de
commandant du 2e bataillon , vous m'apprîtes que , selon toute apparence , j'allais être appelé
devant le conseil de préfecture pour y donner des explications sur ma conduite. Je crus de
mon devoir d'attendre cette nouvelle enquête , et je retirai ma démission. Aujourd'hui, je
n'ai plus aucun motif de l'ajourner, et je cède aux circonstances impérieuses qui m'obligent
à consacrer désormais tout mon temps à mes intérêts domestiques , trop longtemps négligés.
Recevez donc ma démission , et croyez que, si ma responsabilité diminue avec l'importance de
mon rôle, mon dévouement à la chose publique reste entier. L'arrêt qui me frappe n'altère
en rien mes sentiments. J'ai d'ailleurs pour adoucir, au besoin, l'amertume de mes réflexions,
la conscience d'avoir été dévoué toujours, utile quelquefois, à la double cause de l'ordre et de
la liberté.

Veuillez agréer, monsieur le maire, etc.

THEIL.

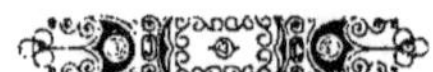

PARIS. — IMPRIMÉ PAR E. THUNOT ET Cie, RUE RACINE, 26.